Anonymous

Tempel der Musen und Grazien

Ein Taschenbuch zur Bildung und Unterhaltung

Anonymous

Tempel der Musen und Grazien
Ein Taschenbuch zur Bildung und Unterhaltung

ISBN/EAN: 9783743602847

Hergestellt in Europa, USA, Kanada, Australien, Japan

Cover: Foto ©Thomas Meinert / pixelio.de

Weitere Bücher finden Sie auf **www.hansebooks.com**

Zeitrechnung auf das Jahr 1796.

Das Jahr 1796 ift:

Das 5745te Jahr nach Erfchaffung der Welt.

- 6509te - der Julianifchen Periode.
- 2572fte - der Olympiaden, oder 4te der 643ften Olympiade.
- 2549fte - nach Erbauung der Stadt Rom.
- 5556fte - der Juden.
- 1210te - der Türken.
- 7304te - der neuern Griechen, wie auch ehemals der Ruffen.
- 996fte - von Erneuerung des Römifchen Kaiferthums.
- 410te - von Stiftung der Univerfität Heidelberg.
- 356fte - von Erfindung der Buchdruckerkunft.
- 148fte - von dem Münfter- und Osnabrückifchen Frieden (14. Oct.)
- 133fte - von Anfang des Reichstags zu Regensburg. (10. Jan.)
- 53fte - von Antretung der Regierung des Churfürften von der Pfalz. (1. Jan.)
- 18te - von der Wiedervereinigung Bajerns mit der Pfalz. (31. Dec.)
- 4te - von der Wahl und Krönung Kaifers Franz. (14. Jul.)

— o —

Feſtrechnung auf das Jahr 1796.

Die goldene Zahl - - - - -	11.
Die Epaƈten - - - - - -	20.
Der Sonnenzirkel - - - - -	13.
Der Römer Zinszahl - - - - -	14.
Der Sonntagsbuchſtab - - - - -	CB.

Bewegliche Feſte.

Septuageſima den 24ten Januar.

Aſchermittwoch - 10ten Februar.

Oſtern - - 27ten März.

Himmelfahrt - 5ten Mai.

Pfingſten - - 15ten Mai.

Advent - - 27ten November.

Quatember.

Reminiſcere 17. Febr.	Crucis - 21. Septemb.
Trinitatis - 18. May.	Luciä - 14. Decemb.

Die vier Jahrszeiten.

Der Anfang des Frühlings, oder der Eintritt der Sonne in das Zeichen des Widders, wenn ſie Tag und Nacht gleich macht, iſt den 19. März um 9 Uhr 15 min. Abends.

Der Anfang des Sommers, oder der Eintritt der Sonne in das Zeichen des Krebſes, da ſie den längſten Tag macht, iſt den 20. Juni um 7 Uhr 9. min. Abends.

Der Anfang des Herbſtes, oder der Eintritt der Sonne in das Zeichen der Waage, da ſie wieder Tag und Nacht gleich macht, iſt den 22. Septemb. nm 9 Uhr 2 min. früh.

Der Anfang des Winters, oder der Eintritt der Sonne in das Zeichen des Steinbocks, da ſie den kürzeſten Tag macht, iſt den 21. December um 1 Uhr 21 min. frühe.

—o—

Kalender der Juden.

Das 5556ſte Jahr der Welt.

1796.		Neumonde und Feſte.
Jan.	11	Der 1. Shebat
	25	- 15. - Freudentag
Febr.	10	- 1. Adar
	23	- 14. - klein Purim.
März	11	- 1. Veadar
	23	- 13. - Faſten Eſther.
	24	- 14. - Purim oder Hamans- feſt *
	25	- 15. - Suſann Purim.
April	9	- 1. Niſan
	23	- 15. - Oſterfeſt *
	24	- 16. - zweites Feſt *
	29	- 21. - ſiebendes Feſt *
	30	- 22. - Oſterfeſt Ende *
May	9	- 1. Ijar
	26	- 18. - Schülerfeſt
Jun.	7	- 7. Sivan
	12	- 6. - Pfingſten *
	13	- 7. - zweites Feſt *
Jul.	7	- 1. Tamuz
	23	- 17. - Faſten, Tempel-Er- oberung.

— o —

1796.	Neumonde und Feste.
Aug. 5	Der 1. Ab
13	- 9. - Faſten, Zerſtörung Je- ruſalems *
19	- 15. - Freudentag
Sept. 4	- 1. Elul
Oct. 3	- 1. Tiſri, Neujahr 5557 *
4	- 2. - zweites Neujahrsfeſt *
5	- 3. - Faſten Gedalja
12	- 10. - Verſöhnungsfeſt, oder lange Nacht *
17	- 15. - erſtes Lauberhütten- Feſt *
18	- 16. - zweites Feſt *
23	- 21. - Palmenfeſt
24	- 22. - Verſammlung oder Lau- berhütten Ende *
25	- 23. - Geſetzfreude *
Nov. 2	- 1. Marchesvan
Dec. 1	- 1. Cisleu
25	- 25. - Kirchweihe
30	- 1. Tebeth

Die Tage mit * werden ſtreng gefeiert.

———

— o —

Kalender der Türken.

Das 1210te Jahr der Hegira.

1796.		Neumonde.
Jan.	11	Der 1. Raajab
Feb.	10	- 1. Shaaban
März	10	- 1. Ramadan, ☾ d. Faſten.
April	9	- 1. Shwall, gr. Beiram.
Mai	8	- 1. Dulkaadah
Juni	7	- 1. Dulheggia
Juli	7	- 1. Muharram, Anfang des 1211. Jahres.
Auguſt	6	- 1. Saphar.
Sept.	4	- 1. Rabia I.
Octob.	4	- 1. Rabia II.
Nov.	2	- 1. Jomada I.
Dec.	2	- 1. Jomada II.
—	31	- 1. Raajab.

Finſterniſſe des 1796. Jahres.

Es begeben ſich in dieſem Jahre drei Sonnen-
und eine Mondsfinſterniſs. Von allen dieſen iſt aber
nur die einzige Mondsfinſterniſs in Europa und in
unſern Gegenden ſichtbar.

Die erſte Sonnenfinſterniſs ereignet ſich den 10.
Jan. Vormittags; für Europa geht der Mond die
Sonne ſüdlich vorbei, dahingegen im ſüdlichen
Afrika auf Madagascar, dem indiſchen Meere, den
oſtindiſchen Inſeln bis nach Neuguinea und auf
Neuholland wird ſich die Sonne central und ring-
förmig verfinſtert zeigen. Sie dauert 6 Stunden
5 Minuten und 22 Secunden.

Die zweite Sonnenfinſterniſs begiebt ſich in der
Nacht vom 4ten zum 5ten Juli. Sie iſt von den
Philippiniſchen und Japaniſchen Inſeln an, auf dem
nördlichen Theil des ſtillen Meeres und im weſt-
lichen Theil von Nord- und dem mittleren Amerika
ſichtbar, und erſcheint ebenfalls in manchen dor-
tigen Gegenden central und ringförmig. Sie dauert
5 Stunden 14 Minuten und 4 Secunden.

Die zum Theil ſichtbare Mondsfinſterniſs ſtellt
ſich den 14ten December Nachmittags ein. Sie iſt in
dem nordöſtlichen Theil von Europa, in ganz Aſien,
Neuholland, Neuſeeland, auf allen Inſeln des ſtillen
Meeres und dem nordweſtlichen Theil von Nord-
amerika ſichtbar.

Die dritte Sonnenfinſterniſs trifft den 29ten December Vormittags ein, und wird ſich vorzüglich
im ſüdlichen Afrika, in den mittägigen Gegenden
des indiſchen Weltmeeres, auf Neuholland, Neuſeeland und den in dieſer Gegend liegenden Inſeln
zeigen. Sie dauert 5 Stund 42 Min. und 16 Secunden.

Wintermonat (*Januarius.*)

Freit.	1	*Neu Jahr*	
Samſt.	2	Macarius Abt. Abel	
Sonnt.	3	C Genofeva. Enoch	
Mont.	4	Titus B. Iſabella	
Dienſt.	5	Teleſph. Simeon.	
Mitw.	6	*Heil.* 3 *König*	
Donn.	7	Raymund. Iſidorus	
Freit.	8	Erhard. Severin	
Samſt.	9	Marcian	
Sonnt.	10	C 1 Agath. P. Paul E.	
Mont.	11	Hygin. Theodoſ.	
Dienſt.	12	Erneſt. Reinhold	
Mitw.	13	Leontius	
Donn.	14	Hilarius. Félix	
Freit.	15	Maurus Abt	
Samſt.	16	Marcellus	
Sonnt.	17	C 2 Ant. E. *N. J. F.*	
Mont.	18	Pet. Stuhlf. Priſca	
Dienſt.	19	Sulpitius. Marius	
Mitw.	20	*Fab. und Sebaſt.*	
Donn.	21	Agnes	
Freit.	22	Vinc. Anaſt.	
Samſt.	23	Mar. Verm. Emerent.	
Sonnt.	24	C *Sept.* Tim. Zama	
Mont.	25	Pauli Bekehrung	
Dienſt.	26	Policarp	
Mitw.	27	Joh. Chryſoſt.	
Donn.	28	Karl der Groſse	
Freit.	29	Franz. S. Valerius	
Samſt.	30	Martina. Adelgunde	
Sonnt.	31	C *Sex.* Peter Nolaſc.	

Der Stand der Sonne und des Monds.

Den 20. um 9 Uhr 5 min. früh tritt die Sonne in das Zeichen des Waſſermanns.

☾ Das lezte Viertel den 2. um 1 Uhr 36 min. früh im Zeichen der Waage.

● Das Neulicht den 10. um 5 Uhr 38 min. früh im Zeich. des Steinbocks.

☽ Das erſte Viertel den 17. um 6 Uhr 0 minut. Abends im Zeich. des Widders.

☉ Der Vollmond den 24. um 10 U. 43 min. Vorm. im Zeichen des Löwen.

☾ Das lezte Viertel des 31. um 9 Uhr 35 min. Ab. im Zeichen des Scorpions.

Hornung (*Februarius.*)

Mont.	1	Ignat. M. Brigitta
Dienft.	2	*Mariæ Lichtm.*
Mitw.	3	Blafius B.
Donn.	4	Andreas Corf. Veron.
Freit.	5	Agatha
Samft.	6	Dorothea
Sonnt.	7	C *Quinq.* Romuald
Mont.	8	Joh. v. Matha. Salom.
Dienft.	9	Faftnacht. Apollon.
Mitw.	10	Afchermit. Scholaft.
Donn.	11	Euphrofina
Freit.	12	Eulalia. Gaudent.
Samft.	13	Benignus. Caftor
Sonnt.	14	C I *Invoc.* Valent.
Mont.	15	Fauftin
Dienft.	16	Juliana
Mitw.	17	Donat. Conft. Quat.
Donn.	18	Simeon. Concordia
Freit.	19	Gabin F.
Samft.	20	Eleuther F.
Sonnt.	21	C 2 *Remin.* Eleonora
Mont.	22	Peterftuhlfeier
Dienft.	23	Willigifius. Serenus
Mitw.	24	Victorinus
Donn.	25	Mathias Ap.
Freit.	26	Edilbert. Gotthilf
Samft.	27	Alexander. Leand. F.
Sonnt.	28	B 3 *Oculi Math. A.*
Mont.	29	Roman Abt

Der Stand der Sonne und des Monds.

Den 18. um 8 Uhr 54 min. Ab. tritt die Sonne in das Zeichen der Fifche.

● Das Neulicht den 8. um 11 Uhr 33 min. Ab. im Zeich. des Waffermanns.

☽ Das erfte Viertel den 16. um 2 Uhr 8 min. früh im Zeichen des Stiers.

◉ Der Vollmond den 22. um 11 Uhr 36 min. Ab. im Zeichen der Jungfrau.

d'Argens sc.

Lenzmonat (*Martius.*)

			Der Stand der Sonne und des Monds.
Dienst.	1	Albinus	
Mitw.	2	Simplicius	
Donn.	3	Kunigund	
Freit.	4	Kasimir. Adrian.	
Samst.	5	Friederich.	
Sonnt.	6	B 4 *Lætare* Basilius	Den 19. um 9 Uhr 15 min. Ab. tritt die Sonne in
Mont.	7	Thom. v. Aq. Felicitas	das Zeichen des
Dienst.	8	Joh. v. Gott. Philem.	W i d d e r s ; ist
Mitw.	9	Francisca. Adelheid	Frühlings Anfang
Donn.	10	40 Martir. Alexander	und Tag u. Nacht
Freit.	11	Rosina	gleich.
Samst.	12	Gregor P.	☽ Das lezte Vier-
			tel den 1. um 6
Sonnt.	13	B 5 *Judic.* Euphros.	Uhr 45 min. Ab.
Mont.	14	Mathild. Eutyches	im Zeichen des
Dienst.	15	Longin. Christoph	Schützen.
Mitw.	16	Heribert. Cyriac	● Das Neulicht
Donn.	17	Gertraud	den 9. um 1 Uhr
Freit.	18	Mar. Schm. Amalie	35 min. Nachmitt.
Samst.	19	*Joseph*	im Zeichen der Fische.
Sonnt.	20	B 6 *Palms.* Ruprecht	☽ Das erste Vier-
Mont.	21	Benedict	tel den 16. um 9
Dienst.	22	Octavian. Casimir	Uhr 22 min. früh
Mitw.	23	Victorian. Eberhard	im Zeichen der
Donn.	24	Gründonn. Gabriel	Zwillinge.
Freit.	25	Charfreitag	☉ Der Vollmond
Samst.	26	Rupert	den 23. um 1 Uhr 24 m. Nachm. im
			Zeich. d. Waage.
Sonnt.	27	*Ostertag.* Lüdger	☾ Das lezte Vier-
Mont.	28	*Ostermont.* Eustach	tel den 31. um 2
Dienst.	29	Arbogast. Malchus	Uhr 58 m. Nachm.
Mitw.	30	Quirin. Guido	im Zeichen des
Donn.	31	Balbina. Obadias	Steinbocks.

Oſtermonat (*April.*)

Freit.	1	Hugo. Theodor
Samſt.	2	Franz v. P. Roſimund
Sonnt.	3	B 1 *Quaſim.* Darius
Mont.	4	*Mar. Verk.* Ambros
Dienſt.	5	Vinc. Fer. Hoſeas
Mitw.	6	Sixt P.
Donn.	7	Rufin. Higeſippus
Freit.	8	Dionyſius. Appollon.
Samſt.	9	Cleophas. Bogislaus
Sonnt.	10	B 2 *Miſer.* Ezechiel
Mont.	11	Leo P.
Dienſt.	12	Julius P.
Mitw.	13	Creſcentius. Juſtinus
Donn.	14	Tiburtius
Freit.	15	Eutichius. Olympia
Samſt.	16	Paternus. Chariſius
Sonnt.	17	B 3 *Schuzf. H. J.*
Mont.	18	Eduard. Valerian
Dienſt.	19	Werner
Mitw.	20	Paphnutius. Sulpit.
Donn.	21	Anſelm. Adolarius
Freit.	22	Lothar. Soter.
Samſt.	23	Georgius
Sonnt.	24	B 4 *Cantat.* Albrecht
Mont.	25	Marcus Ev.
Dienſt.	26	Clet. und Marcell.
Mitw.	27	Polycarpus. Anaſtas.
Donn.	28	Vitalis
Freit.	29	Petrus M. Sibilla
Samſt.	30	Cath. v. Sien. Eutrop.

Der Stand der Sonne und des Monds.

Den 19. um 9 Uhr 54 min. früh tritt die Sonne in das Zeichen des Stiers.

● Das Neulicht den 8. um 0 Uhr 36 min. früh im Zeichen des Widders.

☽ Das erſte Viertel den 14. um 4 Uhr 36 m. Abends im Zeichen des Löwen.

☉ Der Vollmond den 22. um 4 Uhr 3 min. früh im Zeichen des Scorpions.

☾ Das lezte Viertel den 30. um 8 Uhr 30 min. früh im Zeichen des Waſſermanns.

Wonnemonat (*Majus.*)

Sonnt.	1	B 5 *Rog. Phil. Jac.*	*Der Stand der*
Mont.	2	Sigmund	*Sonne und des*
Dienſt.	3	Kreuzerfindung	*Monds.*
Mitw.	4	Monika. Florian	
Donn.	5	*Himmelf. Chr.* Pius	Den 20. um 10
Freit.	6	Joh. vor Lat. Pf.	Uhr 30 min. Vor-
Samſt.	7	Stanislaus. Gottfried	mittag , tritt die
			Sonne in das Zei-
Sonnt.	8	B 6 *Exaudi* Mich. E.	chen der Zwil-
Mont.	9	Gregor. Hiob	linge.
Dienſt.	10	Anton M. Epimach.	
Mitw.	11	Gordian. Mamert	● Das Neulicht
Donn.	12	Pankrat.	den 7. um 9 Uhr
Freit.	13	Servat.	18 min. früh im
Samſt.	14	Bonifacius F.	Zeich. des Stiers.
Sonnt.	15	B *H. Pfingſt.* Sophia	
Mont.	16	*Pfingſtm.* Joh. v. Nep.	☽ Das erſte Vier-
Dienſt.	17	Bruno. Jodocus	tel den 14. um 0
Mitw.	18	Venantius. Quat. F.	Uhr 36 min. früh
Donn.	19	Petr. Cöl. Potentiana	im Zeichen des
Freit.	20	Athanaſius F.	Löwen.
Samſt.	21	Prudens. Felix F.	
Sonnt.	22	B 1 *H. Dreif.* Helen.	⊕ Der Vollmond
Mont.	23	Deſiderius	den 21. um 7 Uhr
Dienſt.	24	Johanna. Suſanna	18 min. Abends
Mitw.	25	Urban	im Zeichen des
Donn.	26	*Fronleichn.* Beda	Schützen.
Freit.	27	Magd. v. Paz. Luzian	
Samſt.	28	German. Wilhelm	☾ Das lezte Vier-
			tel den 29. um 10
Sonnt.	29	B 2 Maximin. Manlius	Uhr 10 min. Ab.
Mont.	30	Felix P. Eduard	im Zeichen der
Dienſt.	31	Petronilla	Fiſche.

Brachmonat (*Junius.*)

			Der Stand der Sonne und des Monds.
Mitw.	1	Fortunat. Nicodemus	*Der Stand der Sonne und des Monds.*
Donn.	2	Erasmus. Ephraim	
Freit.	3	Clotildis	
Samst.	4	Optatus. Karpatius	
Sonnt.	5	B 3 Bonifacius	Den 20. um 7 Uhr 9 min. Ab. tritt die Sonne in das Zeichen des Krebses, bringt den längsten Tag und des Sommers Anfang.
Mont.	6	Norbert. Benignus	
Dienst.	7	Robert. Lucretia	
Mitw.	8	Medardus	
Donn.	9	Liborius. Felician	
Freit.	10	Margarita. Wiegand	
Samst.	11	Barnabas	
Sonnt.	12	B 4 Basilides	● Das Neulicht den 5. um 4 Uhr 38 m. Abends im Zeich. der Zwillinge.
Mont.	13	Anton v. Pad. Tobias	
Dienst.	14	Basilius. Eliseus	
Mitw.	15	Vitus M.	
Donn.	16	Ludgard. Justina	
Freit.	17	Adolph. Volkmar	☽ Das erste Viertel den 12. um 10 Uhr 6 min. früh im Zeichen der Jungfrau.
Samst.	18	Marcellian	
Sonnt.	19	B 5 Gervas. Protas.	
Mont.	20	Silverius P. Silas	
Dienst.	21	Aloisius. Alban	⊕ Der Vollmond den 20. um 10 U. 48 min. früh im Zeich. des Schützen.
Mitw.	22	Paulinus. Acacius	
Donn.	23	Ediltrud. Basilius F.	
Freit.	24	*Johann der Täufer.*	
Samst.	25	Prosper. Elogius	
Sonnt.	26	B 6 Joh. u. P. Jerem.	☾ Das lezte Viertel den 28. um 8 Uhr 21 min. früh im Zeichen des Widders.
Mont.	27	Ladislaus. 7 Schläfer	
Dienst.	28	Leo P. F.	
Mitw.	29	*Peter Paul*	
Donn.	30	Paul Gedächtn.	

Heumonat. (*Julius.*)

Freit.	1	Theodor. Theobald.	*Der Stand der*
Samſt.	2	Mariä Heimſuchung	*Sonne und des*
			Monds.
Sonnt.	3	B 7 *M. Heimſ.* Corn.	
Mont.	4	Udalricus	
Dienſt.	5	Willh. Abt. Charlotte	Den 22. um 6
Mitw.	6	Iſaias. Goar. Hector	Uhr 6 min. früh
Donn.	7	Willibald	tritt die Sonne in
Freit.	8	Kilian	das Zeichen des
Samſt.	9	Cyrillus	Löwen.
Sonnt.	10	B 8 7 Brüder. Amelb.	● Das Neulicht
Mont.	11	Pius P.	den 4. um 11 U.
Dienſt.	12	Joh. Gualbert.	35 min. Ab. im
Mitw.	13	Anaclet. Margaretha	Zeich. d. Krebſes.
Donn.	14	Bonaventura	
Freit.	15	Heinrich	
Samſt.	16	Apoſteltheil. Ruth.	☽ Das erſte Vier-
			tel den 11. um 9
Sonnt.	17	B 9 Scap. F. Alexius.	U. 56 min. Ab.
Mont.	18	Friedrich. Eugen.	im Zeichen der
Dienſt.	19	Vinc. v. Paul. Ruſina.	Wage.
Mitw.	20	Margaritha. Elias.	
Donn.	21	Daniel. Praxetis	⊕ Der Vollmond
Freit.	22	Mar. Magd.	den 20. um 1 U.
Samſt.	23	Appollinaris F.	50 min. trühe im
			Zeich. des Stein-
Sonnt.	24	B 10 *Jac. Ap.* Chriſtina	bocks.
Mont.	25	Jacob Ap.	
Dienſt.	26	Anna	
Mitw.	27	Pantaleon	☾ Das lezte Vier-
Donn.	28	Nazarius	tel den 27. um 3
Freit.	29	Martha	U. 51 min. Ab. im
Samſt.	30	Beatrix. Abdon.	Zeich. des Stiers.
Sonnt.	31	B 11 Ignat. Loj. Thraſ.	

B

Erndemonat. (*Augustus.*)

Mont.	1	Petri Kettenf.
Dienft.	2	Portiuncula. Guftav
Mitw.	3	Auguft. Eleafar
Donn.	4	Dominicus
Freit.	5	Mar. Schnee. Oswald
Samft.	6	Verklärung Chrifti
Sonnt.	7	B 12 *Laur.* Cajetan.
Mont.	8	Juftinus. . Cyriac.
Dienft.	9	Roman. Roland.
Mitw.	10	Laurentius
Donn.	11	Sufanna. Herrmann
Freit.	12	Klara
Samft.	13	Hippolitus F.
Sonnt.	14	B 13 Eufebius
Mont.	15	*Mariä Himmelf.*
Dienft.	16	Rochus
Mitw.	17	Agapitus
Donn.	18	Helena
Freit.	19	Sebaldus
Samft.	20	Bernardus F.
Sonnt.	21	B 14 *Barth.* Adolph.
Mont.	22	Simphor. Timoth.
Dienft.	23	Philbenit. Zacheus
Mitw.	24	Bartholom. Ap.
Donn.	25	Ludwig
Freit.	26	Zephirin. Samuel
Samft.	27	Rufus. Gebhard
Sonnt.	28	B 15 Auguftin
Mont.	29	Johann Enthaupt.
Dienft.	30	Rofa v. Lima. Benjam.
Mitw.	31	Raymund. Paulin

Der Stand der Sonne und des Monds.

Den 22. um 0 U. 29 min. Ab. tritt die Sonne in das Zeichen der Jungfrau.

● Das Neulicht den 3. um 7 Uhr 7 min. frühe im Zeichen des Löwen.

☽ Das erfte Viertel den 10. um 0 U. 42 minut. Ab. im Zeichen des Scorpions.

⊕ Der Vollmond den 18. um 3 U. 56 min. Ab. im Zeichen des Waffermanns.

☾ Das lezte Viertel den 25. um 10 U. 3 min. Ab. im Zeichen der Fifche.

B. Angelo

Herbſtmonat. (*September.*)

Donn.	1	Egidius		
Freit.	2	Stephan K.	Ernſt	
Samſt.	3	Euphemia.	Manſuet.	

Sonnt.	4	B 16. *Schutzengf.*
Mont.	5	Victoria. Hercules
Dienſt.	6	Magnus Abt.
Mitw.	7	Regina
Donn.	8	*Mariä Geburt*
Freit.	9	Gorgonius. Bruno
Samſt.	10	Nicol. Tol. Sosthen.

Sonnt.	11	B 17 Protheus
Mont.	12	Winand. Syrus
Dienſt.	13	Philipp. Maternus
Mitw.	14	H. † Erhöhung
Donn.	15	Nicomedes. Mariane
Freit.	16	Cornelius. Euphemia
Samſt.	17	Lambert

Sonnt.	18	B 18 *Matth. Ap.* Tit.
Mont.	19	Januarius. Sidonia
Dienſt.	20	Euſtachius. Fauſta
Mitw.	21	Matthäus Ap. Quat. F.
Donn.	22	Mauritius
Freit.	23	Linus. F. Thecla
Samſt.	24	Gerhard. Joh. Emp. F.

Sonnt.	25	B 19 Rupert. Kleoph.
Mont.	26	Cyprian.
Dienſt.	27	Cosmas und Damian
Mitw.	28	Wenceslaus
Donn.	29	Michael
Freit.	30	Hieronimus

Der Stand der Sonne und des Monds.

Den 22. um 9 Uhr 2 min. früh tritt die Sonne in das Zeichen der Wage, macht Tag und Nacht gleich u. Herbſts Anfang.

● Das Neulicht den 1. um 4 Uhr 10 min. Ab. im Zeichen d. Jungfrau.

☽ Das erſte Viertel den 9. um 6 U. 25 min. frühe im Zeich. des Schützens.

☉ Der Vollmond den 17. um 4 Uhr 47 min. frühe im Zeich- der Fiſche.

☾ Das lezte Viertel den 24. um 4 U. 3 min. frühe im Zeichen des Krebſes.

B 2

Weinmonat. (October.)

			Der Stand der Sonne und des Mondes.
Samſt.	1	Remigius	
Sonnt.	2	B 20 *Mich. Roſenkrf.*	Den 22. um 5 Uhr 1 min. Ab. tritt die Sonne in das Zeichen des Scorpions.
Mont.	3	Ewald. Scirus	
Dienſt.	4	Franz Seraph.	
Mitw.	5	Placidus. Aurelia.	
Donn.	6	Bruno. Friderike.	
Freit.	7	Marcus P. Amalie	
Samſt.	8	Brigitta. Pelagius	
Sonnt.	9	B 21 Dionyſius	● Das Neulicht den 1. um 3 Uhr 32 min. frühe im Zeichen der Wage.
Mont.	10	Franz Borg. Gideon	
Dienſt.	11	Acmilian. Burckard	
Mitw.	12	Maximilian	
Donn.	13	Eduard. Angelus	☽ Das erſte Viertel den 9. um 2 Uhr 7 min. früh im Zeichen des Steinbocks.
Freit.	14	Burkard. Calixtus	
Samſt.	15	Thereſia	
Sonnt.	16	B 22 Gallus	
Mont.	17	Hedwigis. Florentin	
Dienſt.	18	Lucas Ev.	☉ Der Vollmond den 16. um 4 U. 37 min. Abends im Zeichen des Widders.
Mitw.	19	Ferdinand. Lucius	
Donn.	20	Wendelin. Felician	
Freit.	21	Urſula	
Samſt.	22	Cordula	
Sonnt.	23	B 23 Severin.	☾ Das lezte Viertel den 23. um 10 Uhr 55 min. früh im Zeichen des Löwen.
Mont.	24	Raphael Erz. Nathan	
Dienſt.	25	Criſanth. Criſpin	
Mitw.	26	Evariſtus. Amandus	
Donn.	27	Sabina	
Freit.	28	Simon u. Jud. Ap.	● Das Neulicht den 30. um 5 U. 51 min. Ab. im Zeich. des Scorpions.
Samſt.	29	Narciſſus. F. Engelh.	
Sonnt.	30	B 24 *Sim. Jud. Ap.*	
Mont.	31	Wolfgang F.	

Ah! ça ira! ça ira!

Windmonat. (*November.*)

Dienſt.	1	*Allerheiligen*
Mitw.	2	Allerſeelen
Donn.	3	Hubert. Gottlieb
Freit.	4	K a r l. Emeric. Otto
Samſt.	5	Zacharias. Blandina
Sonnt.	6	B 25 Leonhard. Sev.
Mont.	7	Engelbert. Malachias
Dienſt.	8	Gottfried
Mitw.	9	Theodor
Donn.	10	Andr. Corf. Martin L.
Freit.	11	Martin B.
Samſt.	12	Mart. Ev. Jonas
Sonnt.	13	B 26 Stanislaus
Mont.	14	Jucundus. Levinus
Dienſt.	15	Leopold
Mitw.	16	Ottmarus
Donn.	17	Gregor B. Hugo
Freit.	18	Otto Abt.
Samſt.	19	Eliſabeth
Sonnt.	20	B 27 Felix v. Val. Edm.
Mont.	21	Maria Opfer.
Dienſt.	22	Cäcilia
Mitw.	23	Clemens P.
Donn.	24	Joh. v. Kreuz. Chriſog.
Freit.	25	Catharina
Samſt.	26	Conrad
Sonnt.	27	B 1 *Adv. Andr. Ap.*
Mont.	28	Soſthenes
Dienſt.	29	Saturnin. Walther
Mitw.	30	Andreas Ap.

Der Stand der Sonne und des Mondes.

Den 21. um 1 Uhr 17 min. fr. tritt die Sonne in das Zeichen des Schützen.

☽ Das erſte Viertel den 7. um 10 Uhr 7 min. Ab. im Zeichen des Waſſermanns.

☉ Der Vollmond den 15. um 3 U. 50 min. frühe im Zeich. des Stiers.

☾ Das lezte Viertel den 21. um 7 Uhr 35 min. Ab. im Zeichen der Jungfrau.

● Das Neulicht den 29. um 11 U. 11 min. frühe im Zeich. des Schützen.

Chriſtmonat. (December.)

			Der Stand der Sonne und des Monds.
Donn.	1	Eligius. Longinus	
Freit.	2	Bibiana. Candidus	
Samſt.	3	Franz Xav. Donatius	
Sonnt.	4	B 2 *Adv.* Barbara	Den 21. um 1 Uhr 21 min. früh
Mont.	5	Sabbas. Abigail	tritt die Sonne in
Dienſt.	6	Nicolaus B.	das Zeichen des
Mitw.	7	Ambroſius B. Agathon	Steinbocks bringt
Donn.	8	*Mariä Empf.*	den kürzeſten Tag
Freit.	9	Leocadius. Joachim.	und Winters An-
Samſt.	10	Melchiades P. F. Jud.	fang.
Sonnt.	11	B 3 *Adv. Thom. Ap.*	☽ Das erſte Vier-
Mont.	12	Juſtin	tel den 7. um 4 U.
Dienſt.	13	Ottilia. Luc.	31. min. Ab. im
Mitw.	14	Nicaſius Quat. F.	Zeich der Fiſche.
Donn.	15	Euſebius. Ignatius	
Freit.	16	Adelheit. Albin F.	
Samſt.	17	Lazarus F.	⊕ Der Vollmond
			den 14. um 2 U.
Sonnt.	18	B 4 *Adv. Joh. Ev.*	46 min. Ab. im
Mont.	19	Nemeſius. Abraham	Zeich. der Zwil-
Dienſt.	20	Chriſtian. Iſaac	linge.
Mitw.	21	Thomas Ap.	
Donn.	22	Beata	☾ Das lezte Vier-
Freit.	23	Victoria	tel den 21. um 6
Samſt.	24	Adam und Eva. F.	Uhr 45 min. früh
			im Zeichen der
Sonnt.	25	B *H. Chriſttag*	Wage.
Mont.	26	*Stephanus*	
Dienſt.	27	Joh. Evang.	● Das Neulicht
Mitw.	28	Unſchuldige Kind.	den 29. um 5 U.
Donn.	29	Thom. B. Jonathan	32 min. früh im
Freit.	30	David K.	Zeichen des Stein-
Samſt.	31	Sylveſter P.	bocks.

Tempel

der

Muſen und Grazien.

Vorrede.

Die Mufen und Grazien durch das freundlichfte
rofenfarbenfte Band zu verbinden, das Nützliche
mit dem Angenehmen zu vereinigen; war diefes
Tafchenbuchs erfte Erfordernifs, die die Herausgeber vorausfetzten. Dem Gefchäftsmann, fo wie
dem aus langer Weile Lefenden, der Dame wie ihrem
Kammermädchen, dem Gelehrten, wie dem Unge-
bildeten follt' es eine Lectüre feyn, die unterhält und nützt; der Hausvater und die Mutter foll
es nicht nur auf der Toilette und, dem Arbeits-
tifche ihrer Töchter und Söhne dulden dürfen;
fie follen es felbft in die Hand nehmen können,
und mit Vergnügen lefen. Wem die eine Mufe
nicht gefällt, der hält fich an die andere; es find
ja deren 9 Schweftern, die Grazien noch unge-

— o —

rechnet. Eine wird doch nach feinem Gefchmack
feyn. Wir haben einer jeden Mufe das zuge-
theilt, was ihr die Mythologie der Alten zueig-
nete.

Die Idee ift, dünkt uns, im Deutfchen neu,
und wir hoffen, fie foll unfern Lefern und Le-
ferinnen gefallen; und wir in den Stand gefetzt
werden, diefe Mufen jährlich in neuem Gewande
hervortreten zu laffen.

Mannheim, Michaelis-Meffe
1795.

Die Herausgeber.

Innhalt.

Urania.

Gechichte der Kalender.

Bis ins fechzehnte Jahrhundert begnügte fich die deutfche Menfchheit an einer fehr einfachen Art von Kalendern, die von den Pfaffen und München hinter die Mefsbücher, Breviare und Pfalter ge- fchrieben, und von Gerichtsperfonen hinter die Statuten der Städte oder andere Gefetzbücher, geheftet wurden.

Die Tage der Woche pflegten, nach Ordnung des Alphabets, mit Buchftaben bemerkt, und der Sonntag immer durch ein gröfseres A unterfchie- den zu werden. In Beziehung auf den ganzen Monat aber ward jedem Tage bereits damals, wie noch jezt, feine Ziffer nach fortlaufender Ord- nung zur Seite gefetzt, und hiernächft zugleich bei jedem Feft- oder Heiligentage der Name des Feftes oder des Heiligen beigefügt. Auf dem leer geblie- benen Raume an den Seiten wurden die Verän-

derungen des Mondes und der Planeten, so wie
die Sonnen- und Monds-Finsterniſſe, nebſt andern
Ereigniſſen des Himmels, geſchrieben ; jedoch
aus Mangel an aſtronomiſchen Kenntniſſen nicht
eher, als bis sie geſchehen waren. —

Auch pflegten Mönche hin und wieder die Ster-
befälle ihrer Aebte und Kloſterbrüder, ingleichen
der Päbſte, Kaiſer, Biſchöfe und Fürſten, nebſt
andern ihnen wichtig ſcheinenden Vorfällen, den
beſtimmten Tagen und Monaten beizuſchreiben;
woraus für die Geſchiehte eine eigene, wenn ſchon
nur dürftige, Hülfsquelle unter dem Namen der
Nekrologien entſtanden iſt.

Bauern, und geringe Bewohner der Städte,
wurden von dem Eintritt eines Feſtes durch das
Läuten zur Kirche unterrichtet, und hielten zu
Hauſe einen S t o c k, woran sie vom Anfange des
Jahres an, jeden Tag durch einen K e r b bemerk-
ten, und nicht nur Sonn- und Feſttage durch
gröſsere Einſchnitte, ſondern ſelbſt auch die Ver-
änderungen des Mondes durch beſondere Zeichen,
unterſchieden. Andere nahmen ſtatt des Stocks

einen R i e m oder S t r i c k, in welchem fie täglich, je nach dem Unterfchiede eines Sonn- oder
gemeinen Tages, einen gröfsern oder kleinern
Knoten fchürzten, um fo ihre Tage zu berechnen.

Vor Erfindung der Druckerei, und felbft lange
nachher noch, war es ein Stück des Unterrichts
in den Schulen, die Jugend den Kalender auswendig lernen zu laffen. Um diefes zu be-
werkftelligen, und den Lehrling in den Stand zu
fetzen, nicht nur die Anzahl der Tage eines jeden
Monats, fondern auch die Fefte der Heiligen an
dem Finger herzählen zu können, hatte man ein
Hülfsmittel von ganz eigener Art bereits im zehn-
ten oder eilften Jahrhundert erfunden. Der ganze
Kalender nämlich war in vier und zwanzig bar-
barifche Verfe gebracht, je zween und zween
für jeden Monat, die aus verkürzten und abge-
brochenen Namen der Fefte und Heiligentage be-
ftunden, und beide zufammen immer fo viel Silben enthielten, als Tage im Monate waren. Ein
folcher Kalender hiefs nach den zwei erften Worten, womit die Verfe des Januars fich anfiengen,

Cifio-Janus, *) und jeder Name eines Feftes oder Heiligen war fo vertheilt, dafs die Anfangs-filbe deffelben immer den Tag des Monats zeigte, an welchem das Feft zu feiern war.

Indeffen aber hatten einzelne Gelehrte bereits im fünfzehnten Jahrhunderte angefangen, nicht nur den Lauf der Sonne, des Mondes und der Pla-neten zu berechnen; fondern, was weit wichtiger war, auch den Einflufs der Geftirne auf alle An-gelegenheiten unfrer fublunarifchen Welt auszu-fpähen, und Kalender zu fchreiben, worin der Menfchheit ganz neue Dinge vom Himmel offen-baret wurden. Der geneigte Lefer fand darin, was einem jeden zu wiffen nöthig war: Nativi-täten, politifche Wahrfagungen, medicinifche Vorfchriften und heilfame Wirthfchaftsregeln; alles auf aftrologifche Grundfätze gebaut, und eins fo gegründet, als das andere.

Diefe neuen Kalender, die nachher fo alt in Deutfchland geworden, und in gewiffen Gegen-den noch immer beliebt find, hatten Anfangs mit

---

*) Von Circumcifio, Befchneidung.

den alten Kalendarien noch diefs gemein, dafs
auch fie alle vieljährig, dafs ift, nicht auf
ein einziges Jahr allein, fondern immer auf mehrere zugleich eingerichtet waren; und diefes muſ-
te mehr einen nachtheiligen, als günftigen Einflufs auf ihre Verbreitung haben, weil fie eben
dadurch ftärker an Bogenzahl wurden, und meift
förmlichen Büchern glichen, die, zumal in jenen
erften Zeiten nach Erfindung der Druckerei, für
den gemeinen Kauf viel zu koftbar feyn mufsten.
Der alte Cifiojanus blieb daher neben ihnen
noch eine geraume Zeit im Gebrauch, bis man
anfieng, nicht nur jährliiche Kalender zu
drucken, fondern auch ihre Menge dergeftalt zu
vervielfältigen, dafs fie um einen geringen Preis
auch von dem gemeinen Manne gekauft werden
konnten.

Der älteſte aftrologifche Kalender überhaupt
in Deutfchland, den man kennt, wurde 1491 zu
Augsburg*), der erfte einjährige aber, von

---

*) Er beftand aus 23 Bogen in 8., und war,
(vielleicht aus Nachahmung des Cifio-Janus)
bis auf die Tabellen der zwölf Monate, gauz

dem man weiss, im Jahr 1546 gedruckt; und am
Ende des fechszehnten Jahrhunderts war bereits
ganz Deutfchland daran gewöhnt. Der Reiz ihres Inhalts machte, dafs man fie überall wifsbe-
gierig annahm; und befonders mufste der gemeine
Mann fich Glück wünfchen zu den erleuchteten
Zeiten, worin er gebohren wäre. Er fchlofs den
Kalender an die Bibel an, und hatte nun ein
paar Bücher, die feiner Meinung nach, alles enthielten, was ein armer Erdenklos hienieden zu
wiffen brauchte, um in diefer und jener Welt
glücklich zu werden. Der Kalender diente ihm
zur Richtfchnur feines Gewerbes, wie feiner Ge-
fundheit; er fand darin in einen vom Himmel ge-
hólten Unterricht, wenn er feine Aecker düngen,

---

in deutfchen Verfen abgefafst; auch felbft der
Titel war gereimt, und lautete, wie folgt:
  Dies Büchlein ift alfo gemacht,
  Wie das Jahr nach dem Monat wird geacht.
  Nach Natur und Influfs der Stern.
  Auch thut es weiter lern
  Von Speis, Trank und purgieren,
  Aderlaffen und regieren,
  Schwangern Frauen, die fruchtbar find,
  Wie man ziehen foll die Kind,
  Vor der Peftilenz fich machen frei:
  Darumb ift es ein Buch der Arczenei.

ſäen, pflanzen, und erndten, wenn er kaufen und
verkaufen , Geld zählen, bei grofsen Herren etwas ſuchen, oder andere Dinge mehr vornehmen
ſollte. Und wie er nächſtdem daraus lernte, zu
welcher Zeit er Purgirtränke und Latwergen nehmen, Schröpfköpfe ſetzen und zur Ader laſſen,
ſeine Kinder entwöhnen, Haare und Nägel ab-
ſchneiden, oder neue Kleider anziehen müfste,
ſo hatte er an dem Kalender auch in politiſcher
Hinſicht, über Krieg und Frieden, einen beſtän-
digen Aſtrologen und Hauspropheten, wie ſein
Fürſt.

Einer ſolchen Erleuchtung und Glückſeligkeit
konnte ſich kein anderes Land in Europa rühmen;
denn niemals haben, wie glaubwürdige Zeugniſſe
verſichern, weder Italiäner, noch Engländer,
noch Franzoſen u. ſ. w., dergleichen himmliſchen
Unterricht in ihren Almanachen gefunden, der
vielmehr blos ein Vorzug der deutſchen Kalender blieb.

Wie der verdiente Name heiſse, dem die deutſche Nation dieſen Vorzug urſprünglich zu ver-

danken habe, läfst fich zwar nicht beftimmen;
indeffen kann überhaupt fo viel mit Fug behaup-
tet werden, dafs niemand, als die Zunft der
Aerzte, fich diefe Ehre beizumeffen habe, indem der erfte Urheber diefer Kalender fo gewifs
ein Jünger des Aeskulaps gewefen ift, als es
die nachherigen Kalendermacher im fechszehnten
und zu Anfange des fiebzehnten Jahrhunderts faft
alle waren.

Die deutfchen Aerzte der vorigen Jahrhunderte
hatten fehr nahe Veranlaffung, fich mit dem Kalender zu befaffen, und ihn mit aftrologifchen Zeichen und Wahrfagungen anzufüllen: denn ihre
ganze Wiffenfchaft war auf Aftrologie gebaut. Keine Kur konnte verrichtet, und
niemanden zur Ader gelaffen werden, ohne dafs
darüber erft der Himmel mit feinen günftigen oder
böfen Afpeſten zu Rathe gezogen wurde.

Man hatte darin urfprünglich die Araber
zum Mufter genommen, und ahmte ihr Beifpiel
in dem ausgedehnteften Umfange nach.

Sterndeuterei war zwar von jeher unter den
Nationen des Orients eine Lieblingswiſſenſchaft;
unter allen Völkern aber, die ſich darin ausge-
zeichnet haben, waren die Araber zu der Zeit,
als die Wiſſenſchaften bei ihnen blüheten, die
vornehmſten. Der täglich ſichtbare Einfluſs, den
die Sonne auf die Erde hatte, und der gleichfalls
nicht unbekannte Nutzen, den die Kenntniſs der
Geſtirne in der Schiffahrt, Erdbeſchreibung und
Zeitrechnung leiſtete, hatte ſie vermocht zu glauben, daſs überhaupt alles, was am Himmel ſtehe,
lediglich unſrer Erde und der darauf wohnenden
Menſchen wegen gemacht ſey; daſs folglich der
Mond wie die Sonne, ſammt allen Planeten und
übrigen Sternen unumgänglichen Einfluſs auf alle
Angelegenheiten der Menſchen haben müſsten.
Der verſchiedene Stand der Planeten in den zwölf
Zeichen des Thierkreiſes, ſo wie der verſchiedene Stand der Sonne und des Mondes, machten
bei ihnen Aſpecten, die für gewiſſe Unterneh-
mungen gut, für andere nachtheilig waren. Manche waren auch nur dem weiblichen Geſchlecht,
andere den Mannsperſonen zuwider.

Die Theorie diefer Afpecten würde daher eine Wiffenfchaft, die jeder andern Art menfchlicher Kenntniffe vorgieng, und diejenigen, die ihrer kundig waren, zu Schiedsrichtern über alles Thun und Laffen der Grofsen machte. Kein Krieg würde unternommen, kein Friede gemacht, keine Heirath gefchloffen oder fonft etwas gethan, ohne den Sternfeher um die Afpecten zu befragen.

Ihr Glaube an die Untrüglichkeit der Aftrologie war auch fo feft, dafs wenn einer ihrer Kaliphen, oder fonft ein Kranker von Bedeutung, des Arztes bedurfte, nicht allein defer kommen und nöthige Mittel verfchreiben, fondern vor allen Dingen auch ein Sternfeher berufen werden mufste, um zu fagen, ob die vom Arzte verordneten Mittel, den vorhandenen Afpecten nach, genommen werden follten oder nicht. Selbft die Wurzeln und Kräuter mufsten, nach dem Rath des Aftrologen, unter gewiffen Konftellationen gefammelt und zubereitet werden.

Da folchergeftalt beide, der Arzt und Aftrolog, in vielen Fällen fich neben einander fehr übel

ftehen, und ihre Rathfchläge nicht felten einander zuwider laufen mufsten ; fo war nichts natürlicher, als dafs fofort auch Aerate fich' auf
Aftrologie legten, um mehreres Zutrauen und
freiere Hände zu bekommen, und der läftigen
Vormundfchaft des Haus- oder Hofaftrologen über-
hoben zu feyn. Die Lehre von Afpecten und ihrer Anwendung ward ein wefentlicher Theil der
Arzneiwiffenfchaft, und aftrologifche Grillen durch-
kreuzten fich mit wahren medicinifchen Einfichten in allen ihren Schriften.

, Unter den Laien bauete gleichfalls alles fein
Vertrauen auf diefe Methode, fo dafs ein Arzt,
der dem Himmel feine Afpecten laffen, und nur
um den Zuftand des Kranken und die ihm dien-
lichen Mittel fich bekümmern wollte, Gefahr
lief, entweder als Stümper verworfen, oder,
wenn er ja zugelaffen wurde, zur Verantwortung
gezogen zu werden, im Fall der Patient unter
feinen Händen ftarb.

Dafs diefs mehr, als blofse Vermuthung fey,
beweift das Beifpiel des E r a ft u s, eines wirk-

lich berühmten Arztes weiland am Hofe der Grafen von Henneberg, wohin er als Leibmedikus in der Mitte des sechzehnten Jahrhunderts berufen war. Er hatte seine Kunst nicht nur in Italien erlernt, sondern auch mit gewohnter Verachtung aller Astrologischen Regeln bereits einige Jahre getrieben. Als er aber zu Schleusingen angekommen, und zur Ausübung seines Amtes nach Hofe gerufen war, sahe er sich dergestalt unter die Herrschaft der Astrologie herabgewürdiget, daß er weder eine Purganz anrathen, noch irgend ein anderes Mittel verschreiben durfte, bevor nicht nachgesehen war, in welchem Zeichen des Thierkreises Sonne und Mond stünden, und ob überhaupt dazu dienliche Aspecten regierten.

Eben diesen Zwang beklagte auch späterhin noch ein berühmter Pfälzischer Medicus, Johann Lange, der den deutschen Aerzten vorwarf, daß sie ohne Bedenken den Kranken lieber sterben ließen, als einen, übrigens auch noch so dringenden, Aderlaß verordneten, wenn dazu

kein günstiges Zeichen im Kalender gefunden
würde.

Die Wundärzte handelten nicht besser,
und hätten es für ein grofses Versehen gehalten,
wenn einer bei feindlichen Afpecten. eine Opera-
tion vorgenommen, oder die Ader geschlagen
hätte. Der berühmte Bartifch, z. B., der 1583
fein von Kennern geschätztes Werk über die Augenkrankheiten herausgab, prägte feinen Lefern
nicht nur durch einen ausgemalten Holzfchnitt,
fondern auch in der darüber gegebenen Erklärung
ein, dafs es, zur Kur der Augenkrankheiten mit
Inftrumenten, kein befferes Zeichen gebe, als die
Wage, den Schützen und den Waffer-
mann. Nur zur höchften Noth, meinte er, lafse
fich auch noch im Zeichen der Jungfrau, des
Scorpions und der Fifche operiren; doch
müffe allemal auf die etwa vorkommenden feindlichen Afpecten geachtet werden; wie diefs der
Prediger Salomo bezeuge, wenn er (Kap. III. v.
I.) fage, "dafs ein Jegliches feine Zeit habe, und
„ alles Vornehmen unter dem Himmel feine
„ Stunde. "

Wie aber fchon die Araber, zufolge des Obi-
gen, der Aftrologie ein Intereffe beilegten von
dem ausgedehnteften Umfange; fo blieben auch
ihre Nachahmer nicht blos beim mediciniſchen
Gebrauche derfelben ftehen, fondern miſchten ſich
in alle Angelegenheiten und Handlungen des
menſchlichen Lebens ein. Hieronimus Car-
danus hatte fogar mit Hülfe der Aftrologie entdeckt, dafs alle Gebethe, die den 1ten April,
Morgens um 8 Uhr, zur heiligen Jungfrau abgefchickt würden, von der ficherften Wirkung
wären, und felbft den Teufel unfehlbar vertrieben. Man ftellte Nativitäten, fchrieb Praktiken
und Prophezeihungen, die oft das Schickfal gan-
zer Länder, ja den gefammten Erdboden betra-
fen; und alles war fo feft von der Gewifsheit
folcher Wahrfagungen eingenommen, dafs, wenn
zur Zeit und Stunde auch gerade das Gegentheil
erfolgte, die bethörte Menfchheit gleichwohl un-
verändert bei ihrem Glauben blieb.

Einen der auffallendften Beweife hievon giebt
jene berufene Weiffagung von Stöflern, die

ganz Europa fchreckte, und doch am Ende in lee-
rem Dunft zerfloſs, ohne dem Vertrauen auf Aftrologie zu fchaden. Johann Stöfler nämlich,
ein weiland berühmter Mathematiker und Aftrolog unter den Lehrern zu Tübingen, der neben
feinen Verdienften um die Verbefferung des Ka-
lenders zugleich einer der mächtigften Beförderer
aftrologifcher Grillen war, hatte in einem, an
den König von Spanien, und nachmaligen Kaifer
Karl den Vten, gerichteten Prognofticon von
1518. eine Sündfluth angekündiget, die im Februar 1524, anfangen, und die ganze Erde verderben follte. Seine Gründe waren: weil alsdann eine Konjunction des Saturnus, Ju-
piters und Mars eintreffen würde, die an fich
der Erde nicht anders als nachtheilich feyn könnte, noch mehr aber dadurch zu fürchten wäre,
dafs diefe Verbindung im Zeichen der Fifche
gefchehen würde, welches unvermeidlich eine all-
gemeine Sündfluth nach fich ziehen müfste.

Stöfler ftand in dem Rufe eines gelehrten und
weitfehenden Mannes; feine Prophezeihung alfo
machte Auffehn in ganz Europa; auch Karl mit

feinen Hofleuten gerieth in Sorge. Die Furcht
ftieg und wurde noch allgemeiner, als mehrere
Sterndeuter die bevorftehende Sündfluth auch mit
ihrer Autorität bekräftigten. Des Kaifers Grofs-
kanzler fragte felbft den damals gelehrteften Mann
in Spanien, den berühmten Peter Martyr,
um Rath; allein auch diefer gab wenig Troft:
denn Peter Martyr antwortete, dafs zwar das
Uebel nicht eben fo allgemein feyn würde, als
man fürchtete; jedoch aber die bevorftehende Ver-
einigung der Planeten allerdings eine grofse Un-
ordnung in der Welt anrichten dürfte.

Da hiedurch die Beforgniffe des Kaifers mehr
verftärkt, als gehoben wurden; fo bewog diefs,
und die Angft der Hofleute, einen andern Gelehrten, den der Kaifer gleichfalls fchätzte, den
Auguftinus Niphus, die Stöflerifche Prophezeihung zu widerlegen. Die gefertigte Schrift
that dem Kaifer und vielen Genüge; nur dem
kaiferlichen General, Graf Rango, nicht. Diefer, voll treuen Glaubens an Aftrologie, hatte
gleich Anfangs verlangt, der Kaifer möchte die

höchften Berge ausfuchen, allda Magazine anle-
gen, und ihn dafelbft mit der Armee kampiren
laffen. Im erften Eifer hatte vielleicht der Kaifer
diefem Vorfchlage kein abgeneigtes Gehör gegeben; nun aber, da durch die Gründe des Niphus
diefer erfte Eifer bei Karln erkaltet war, beforgte
der General, dafs der Kaifer zu ficher werden,
und die Rettung der Armee verfäumen möchte;
er ftiftete alfo einen berühmten Aftronomen zu
Padua, Thomas Philologus, an, des Niphus
Schrift zu widerlegen; auch fand fich ein gewiffer
Michael de Petra Sancta aus Rom, der
ebenfalls zu beweifen fuchte, dafs die Zufammen-
kunft der Planeten im Fifche, nichts Geringeres,
als eine völlige Sündfluth verurfachen müfste.

Die Furcht, die fich folchergeftalt über ganz
Europa verbreitet hatte, war fo grofs, dafs, z. B.
in Frankreich, mehrere Menfchen darüber den
Verftand verloren. Ein jeder fuchte fich zu retten, und nahm feine Mafsregeln, fo gut er konnte. Viele, die am Mere und an grofsen Flüfsen
Güter hatten, verkauften fie, und begaben fich

auf hohe Berge, um da die Sündfluth abzuwarten.
Andere baueten Schiffe oder förmliche Archen,
und gedachten sich so zu retten.

Dieses Mittel wählte auch der Präsident A u r i o l
in Toulouse, der eine grofse Arche bauen, und
sie mit allen Nothwendigkeiten versehen liefs,
um sich zur Zeit der Noth mit den Seinigen darein begeben, und sicher umherschwimmen zu
können; damit sie aber nicht alsbald beim ersten
Stofs des andringenden Waffers fortgeführt würde, so wurde sie zuvor auf vier gemauerte Pfeiler erhoben. Der Bürgermeister H e n d o r f zu
Wittenberg hingegen traf seine Veranstaltungen
auf dem Boden seines Haufes, wohin er ein Viertel gebräutes Bier bringen liefs, um nachher, beim
Ueberfluſs an Waffer, doch auch keinen Mangel
an einem guten Trunk Bier zu haben.

Endlich trat der mit Furcht und Zagen er-
wartete Hornung ein: der Himmel war heiter
und schön in den meisten Ländern; die Sündfluth blieb aus, und die Menschen waren geäfft.

Einige Geschichtschreiber wollten doch
nicht, daſs diese vielbedeutenden Zeichen vergebens da gewesen seyn sollten, und merkten beim
J. 1525 an, daſs zwar aus den vielen Conjunctio-
nen in dem wässerigen Zeichen, von den Stern-
deutern eine Sündfluth habe prophezeihet werden
wollen; man müsse aber selbige als Votboten des
Bauernaufruhrs ansehen, der sogleich im
folgenden Jahre zum Ausbruch gekommen wäre.
Kurz, ein jeder wuſste Gründe zu finden, die ihn
darüber beruhigten; und faſt alle waren so beschaffen, daſs sie nicht sowohl die Astrologie untergraben, als vielmehr entschuldigen sollten.

So war also diese grundlose Wiſſenschaft glücklich von dem Falle gerettet, den ihr die Stöffle-
rische Prophezeihung bereitet hatte. Sie erhielt
sich nicht nur, nach wie vor, bei ihrem bisherigen
Ansehen, sondern breitete sich auch immer mehr
noch unter Gelehrten und Ungelehrten aus.

Den gröſsten Eindruck machten die Sonnen-
und Mondsfinsternisse nebst andern dergleichen
Vorfällen am Himmel, die in den Kalendern ver-

D

hergefagt waren. Man glaubte, dafs Männer,
die an dem Himmel fo viel eintreffendes voraus
fagten, die künftigen Ereigniffe in den Welt-
händeln der Erde allerdings auch ficher vorher
wiffen müfsten. Und diefem Glauben zufolge er-
mangelten jene weifen Männer nicht, immer
häufiger und häufiger dergleichen politifche Prophezeihungen in die Kalender mit eindrucken zu
laffen. Es waren gemeiniglich Prophezeihungen,
auf Schrauben gefetzt und zweideutig, wie Ora-
kelfprüche; anftatt aber, dafs die frühern Kalendermacher wenigftens die Gründe mit beifüg-
ten, um welcher willen die Begebenheit fich
ereignen würde, waren die fpätern vielmehr fo
dreift geworden, dafs fie ihre Prognoftica und
Weiffagungen ftellten, ohne fich im mindeften
auf Beweife aus den Conftellationen einzulaffen,
und zu fagen, woher fie die angedeuteten Dinge
vermutheten. Man glaubte indeffen, und kaufte
und las dergleichen Kalender unter Hohen und
Niedern begierig.

Ein befonders merkwürdiger Kalendermacher
der Art, war Leonhard Thurneiffer, Kur-
brandenburgifcher Leibarzt von 1571 bis 1584.
Er hatte zum Verlag feiner Kalender, fo wie feiner übrigen Schriften, zu Berlin feine eigene
Druckerei; ungeachtet von den erfteren jedes
Jahr eine ftarke Auflage gemacht wurde, fo reich-
ten fie doch niemals hin, alle Liebhaber in und
aufferhalb Deutfchland zu befriedigen. Sie wurden, fo bald fie fertig waren, von Buchhändlern
und Herrfchaften durch eigene Boten abgeholt,
wurden ins Ungrifche und Böhmifche, und, zum
Behuf der Polen, ins Lateinifche, überfetzt;
wurden theils von Thurneiffern felbft neu aufge-
legt, theils von andern an verfchiedenen Orten,
mit und ohne fein Wiffen, nachgedruckt, und
überall heifshungrig gelefen: denn ihr Inhalt war
voll leckerer Koft, befonders für adeliche und
fürftliche Lefer.

Die Kalender diefes merkwürdigen Mannes
beftanden grofsentheils in politifchen Prophezeihungen, die mit kurzen Worten, oder auch mit

einzelnen grofsen Buchftaben von lateinifcher
Form, angedeutet waren. Der Prophet hatte den
Vortheil, dafs er die Buchftaben erklären konnte,
wie er wollte: denn er machte die Auslegung bald
in deutfcher, bald in lateinifcher Sprache;
und wenn aus diefen nichts herauszubringen war,
fo nahm er die Ungrifche, Böhmifche oder
jede andere Sprache zu Hülfe, und gab
vor, dafs die indeffen vorgefallenen Begebenheiten durch die gebrauchten Buchftaben und durch
die darunter zu verftehenden Wörter, gemeint
worden wären. Dergleichen Auslegungen fchickte
er gemeiniglich an fürftliche Perfonen, aber erft
das Jahr darauf, nachdem die Begebenheiten gefchehen waren. —

Endlich liefs er fich fogar verleiten, die einzelnen Buchftaben auf hohes Verlangen zum voraus zu erklären, und die Auslegung in Kalendern,
die mit Papier durchfchoffen waren, beizufchreiben;
jedoch waren auch diefe Erklärungen fo räthfel-
haft, dafs man alles daraus deuten konnte, was
immer der Weltlauf mit fich brachte.

Diese geschriebenen Auslegungen indessen brachten dem Manne viel Geld ein, und wurden von mehrern hohen Orten sehnlichst verlangt, sobald es bekannt wurde, daß er dergleichen beisetze. So bestellte sich, z. B., Markgraf Joa= chim Friederich zu Halle schon 1575 einen Kalender, "worin Thurneisser so viel als mög-
,, lich anmerken möchte die Sachen und Händel,
,, so jedes Tages in ermeldetem seinem Kalender
,, gesetzet, als da seyen Mord, Brand, Aufruhr,
,, Abgang hoher Personen, falsche Praktiken und
,, dergleichen; welches alles, und wo sich solches
,, vornehmlich zutragen würde, er ihm vertrau-
,, lich zu erkennen geben möchte. " Der Mark=
gra" war damit überaus geheim; und kaum hatte es seine Gemahlin, Katharina, erfahren, so ersuchte auch sie Thurneissern: " ihr einen Al-
,, manach zu schicken, fein deutlich und eigent-
,, lich beigeschrieben, wie man jegliches verste-
,, hen sollt, und ihr nichts zu verhalten, so wie
,, er ihrem Gemahl geschickt hätte. "

Bei diefer Schwäche des Verftandes, die fich
unter fo hohen Perfonen fand, darf man fich nicht
wundern, wenn auch unter dem gemeinen Volke
die Leichtgläubigkeit ohne Maafs und Ziel war.
Alles glaubte an Prophezeihungen; und je mehr
der Gläubigen waren, defto mehr fanden fich
Propheten ein.

Man mufs indeffen geftehen, dafs die Schuld
diefer allgemeinen Verirrung keineswegs der bis-
her befchriebenen Einführung und Gemeinwerdung
der aftrologifchen Kalender allein beizumeffen
fey; auch Theologen hatten vom Anfange der
Reformation her, das Ihre reichlich dazu beige-
tragen.

Das gröfste Abentheuer der Art, beftand ein
gewiffer Magifter Stiefel, Prediger zu Holz-
dorf und Lochau bei Wittenberg. Diefer befafs,
neben feinen etwaigen geiftlichen Amtsgaben, zugleich das Lob eines guten Rechenmeifters, und
weil er diefs Pfund doch auch nicht vergraben
wollte, fo hatte er theils durch eine Ausrechnung
von Quadratzahlen; theils noch durch ein und

zwanzig andere Gründe , ausfindig gemacht,
daſs das Ende der Welt Montags den
3ten Oktober 1533 früh um 8 Uhr kommen würde.

Der Mann , dem er ſein Geheimniſs vor allen
Dingen entdecken zu müſſen glaubte , war Luther; er machte ſich alſo auf gen Wittenberg,
um die groſse Sache Luthern zu hinterbringen.
Aber Luther war ungläubig , erklärte alles für
Tand, und ſuchte den Propheten von ſeinem
Wahne zu heilen. Magiſter Stiefel nun , voller
Befremdung über dieſe Aufnahme der Sache , erhob ſich wider Luthers Unglauben mit Ungeſtüm,
und bewies mit Heftigkeit, daſs er der letzte Engel wär, der die ſiebente Poſaune blaſen müſste;
wovon ihn auch niemand abhalten ſollte. Hie-
mit gieng er ab, und ärgerte ſich über nichts mehr,
als daſs ein ſo frommer Mann , wie Luther, ſo
verblendet ſeyn könnte:

Magiſter Stiefel hatte das Lob eines frommen und gelehrten Mannes, und beſaſs das Zutrauen ſeiner Gemeine in voller Maſse. Da er

nun feine Entdeckung nicht nur oft von heiliger
Stätte verkündiget, fondern zugleich auch eine
Schrift darüber hatte drucken laffen; fo nahm
jedes Beichtkind feinen Vortrag als letzte Worte
eines Vaters an, und verliefs fich darauf mit einer Einfalt des Herzens, der nichts gleich kam.
Sie fiengen an, fich der Arbeit zu entfchlagen,
ihre Güter und Habe zu verkaufen oder wegzu-
fchenken, und vor dem Ende der Welt fich recht
noch gütlich zu thun. Ihr Seelforger war darin
mit ihnen völlig einverftanden: denn auch er ver-
fchenkte, was zeitlich war, namentlich feine Bücher, ohne daran zu denken, dafs diefe Gefchenke,
wenn feine Prophezeihung eintreffe, auch für andere keinen Nutzen haben könnten.

Die letzten Tage hatte Stiefel nichts zu thun,
als Beichte zu fitzen: denn fromme Seelen kamen
nahe und fern, aus Brandenburg, Schlefien und
andern Provinzen herbei, um mit ihm fich noch
zu erbauen, und in feiner Gefellfchaft das Ende
der Welt zu erwarten.—Als nun der Tag erfchie-
nen war, und der Hirte feine Schaafe in früher

Morgenzeit um sich her verfammelt hatte , beftieg
er die Kanzel , um ihre Herzen zum letzten male
durch eine Predigt zu erwecken , und fie bereit
zu halten zur grofsen Auffahrt gen Himmel , wo-
zu die Stunde vorhanden fey. Nach der Predigt
begab er fich zum Altar , um das Nachtmahl feiner
Heerde zu reichen; und beftieg dann abermals
die Kanzel , um fo unter Gebeth und frommer
Unterhaltung mit den Seinen den Augenblick ihrer Entrückung zu erwarten. Die Stunde hob endlich an; fie vergieng zur Hälfte, — fie fchlug
voll; — aber alle Elemente blieben ruhig. Man
wartete weiter: und — noch wurde es nicht anders.

Stiefels Unruhe begann nun mit jedem Puls-
fchlag zuzunehmen; und fchon hatte er angefangen, ganz an feiner Prophezeihung zu verzagen,
als auf einmal wirklich ein G e w i t t e r entftand.
Es war kein Zweifel, dafs diefs der Vorläufer der
erwarteten Scene fey; — Er famt feinen Bauern
wurden ruhig. Zum Unglück aber gieng das
Wetter bald vorüber, und alles Harren auf wei-

tere Auftritte blieb vergebens. Den guten Bauern
wurde endlich die Zeit lang und der Magen leer;
die Stunde war längſt verſtrichen, da ihnen ver-
heiſsen war, mit Abraham, Iſaac und Jacob zu
Tiſche zu ſitzen, und noch ſaſsen ſie in der Kirche.

Um den Himmel zu recognoſciren, und vielleicht fallende Sterne oder andere Zeichen zu er-
blicken, ſahen einige zur Kirchthür hinaus; fanden aber den Himmel ſo heiter, wie die Erde
ruhig. Der Hunger indeſſen nahm zu, der Vor-
rath im Brodſchrank und überall war aufgezehrt,
ſie merkten, daſs ſie zu leichtgläubig geweſen wären; und nun änderte ſich die Scene. Die betro-
genen Beichtkinder, deren hungriger Magen kein
Gehör hatte, ſchritten nun von Schmähungen zur
That: M. Stiefel wurde von der Kanzel geriſſen,
mit Stricken gebunden, und vor Gericht nach
Wittenberg geſchleppt, wo die ergrimmten Bauern Entſchädigung forderten, weil ſie, durch ihn
verführt, das Ihrige verſtoſsen, und ſich an den
Bettelſtab gebracht hätten. Durch Luthers An-
ſehen und der Obrigkeit Zureden wurden ſie je-

doch endlich befänftigt, und dahin bewogen,
dafs fie ihn auf einige Zeit wieder annahmen, bis
er als Prediger bei Königsberg in Preufsen un-
tergebracht werden konnte.

Um die Mitte- des fechzehnten Jahrhunderts
fchien zwar der prophetifche Geift von den T h e o-
l o g e n etwas gewichen zu feyn, und vornehmlich nur unter A ft r o l o g e n und in ihren Kalendern fich aufzuhalten; bald aber kehrte er zu jenen wieder in reichlicher Mafe zurück. Der Ber-
linifche Probft J a c o b K ö h l e r oder C o l e r u s,
verkündigte aus einem 1588 in Norwegen gefun-
denen Hering, deffen Bauch mit unbekannten
Buchftaben verfehen war, dafs die Welt bald un-
tergehen würde. Er hörte die Meere braufen, und
fchon das Praffeln der zufammenfallenden Welt;
ihm war fogar der Himmel offen, und er konnte
fehen, wie die Engel bereits ihre Pofaunen an
den Mund gefetzt hatten, um die Zukunft des
Herrn zu verkündigen. *)

---

*) Der Hering ift mit den unbekannten Buchfta-
ben, die lateinifch und wendifch feyn follten,
in Holz gefchnitten, auf dem Tittelblatt fol-
gender Schrift: Wunder newe Zeitung, die uns

Andere Theologen hielten fich an Nordfcheine,
Finfterniffe, Mifsgeburten und Kometen, und ver-
kündigten daraus, was bald kommen würde; fo
wie der Märkifche Generalfuperintendent Mus-
kulus feiner Seits wieder aus der Erfcheinung
der grofsen Pluderhofen gewifs war, dafs der
jüngfte Tag in der Nähe fey.

Mit folchen Auswüchfen von kranker Vernunft
wurde das fechzehnte Jahrhundert befchloffen.
Die Aftrologen behielten ihren Einflufs an Höfen
und in die Gefchäfte der Grofsen noch geraume
Zeit, fo wie der Aderlafsmann, Prognoftica und
Nativitäten, ihren Platz in den Kalendern. Ja,
felbft zu unfern Zeiten giebt es mehrere Gegenden noch, wo treulich auf dergleichen aftrologifche Kalender gehalten, und der ehrliche Landmann nicht nur durch fymbolifche Pillen, Schnäp-

---

ein Hering aus dem Meer bracht, allen Menfchen zur Warnung und Befferung befchrieben
durch Jac. Colerum. — Berlin MDLXXXVIII,
in Quart.

Und auch noch in unferm Jahrzehend druckt,
verkauft und lieft man folche Wunderthiere
mit Buchftaben, Todtenköpfen und Schwer-
dern, und prophezeit Krieg, Peftilenz und
Hunger daraus!

per und Schröpfköpfe, durch Scheeren, Beile,
Säemänner und dergleichen, an die beften Purgier-
Tage u. f. w. erinnert, fondern auch durch hoch-
weife Prognoftica über Krieg und Frieden des
bevorftehenden Jahres unterrichtet wird.

Die Einfichten unfers Zeitalters haben indefs
bereits in vielen andern deutfchen Ländern diefen
alten aftrologifchen Wahn aus den Kalendern verdrängt; und es ift zu wünfchen, dafs, wie Aber-
glaube und Vorurtheile ehedem durch Volkska-
lender genährt und ausgebreitet worden find,
nun auf eben diefem Wege nützliche Lehren und
Kenntniffe ausgeftreut, und die Begriffe des gemeinen Mannes immer mehr und mehr verbeffert
werden mögen.

———————

An das neue Jahr 1796.

Willkommen, neues Jahr! — nein aber! nicht
willkommen!
Wenn du dem alten ähnlich bift,
Im Ocean der Zeit nun endlich aufgenommen
Mit all dem Böfen, das in ihm gewefen ift!

Kann's eines Meffers Faden meffen?
Jedweder finne nach: wie grofs fein kleines
war?
Lafst uns das alte Jahr vergeffen!
Was ift, ift gut, ift gut!—Willkommen neues Jahr!

Du bringft der Menfchheit, die in allgemeinem
Leiden,
In augenfcheinlicher Gefahr,
Menfchheit nicht mehr zu feyn, verfank, — bringft
ihr die Freuden
Des Friedens wieder! Ja! Willkommen neues
Jahr!

Ludwert und Druda,

oder

die Männer für Freiheit und Recht.

———

Säusle milder, o Hauch! Ich singe der nächtli-
lichen Stille —

ach, — und dir, geheimere Schwermuth, die
Kunde der Vorzeit!

Trauernd, wie izt der Mond dort über den Trümmern herabhängt,

schien er auf Ludberts nächtliche Pfade, da er voll
Sehnsucht

näher trabte der Burg, die seinen Himmel ihm
einschloß.

Viermal hatte der Lenz mit Blumen die Erde ge-
schmücket;

seit er zum heiligen Grab, ein heiliger Kämpe,
gezogen.

Itzund kehrt er zurück. Bald lohnt ihn Druda's
Umarmung,

und vom segnenden Vater empfängt er die Holde
zum Weibe.

Seht, wie flammet sein Blick! Wie pocht ihm
der Busen ! Was kümmert

Ihn die Oede der Nacht? — In ihm ist Helle des
Himmels.

Izt enttrabt er dem letzten Gehölz. Der dampfende
Rappe

schüttelt die regentriefende Mähn', und fliegt durch
die Haide.

Doch noch immer kein Licht vom Thurm des
Schlosses, noch immer

Todesstill' um ihn her?— Er kam zum Fuße des
Felsens.

—Alles so anders! Von oben kein Laut, kein
Schimmer vom Burgsaal!

Keuchend klimmt sein Roß empor, bäumt dann
sich und stürzet

über Ruinen dahin, und schleudert den Grafen
weit von sich.

Dieser rafft sich schnell wieder empor. Sein treuer
Gefährte

keucht im Sand, blickt auf zu ihm, und stirbt
ihm zu Füßen.

Stumm hängt Ludwert nieder auf ihn mit thauen-
den Thränen.

Ach, der Rappe war ihm fo treu! — Dann wand
er fich höher

durch die Trümmer empor. Er rief durch die
ftürmende Herbftnacht.

Kein antwortender Laut! Ein kalter, tobender
Windftofs

fuhr durch die Haide dahin, und fchlug mit
Regen fein Antlitz.

„ Ift diefs alles ein Traum? — Wie, fprach er,
ftanden nicht ehmals

„ hier die Mauern der Burg? Und jetzt nur Trümmer, und nirgends

„ eines Lebendigen Spur? " — Ein Ahndungs-
fchauer durchfuhr ihn.

Endlich gewahrt er ein Licht, und eilt dem
Schimmer entgegen.

Näher tappt er und näher; und fteht an einem
Gewölbe,

welches fich tiefer im Felfen verliert. Ein
fterbendes Lämpchen

fchimmerte durch die Spalten der Thür. Es
pochte der Ritter:

„ Haft du Obdach für einen Verirrten, Bewohner des Felfen?"

Und die Thüre gieng auf. Ein Greis mit silberner
Scheitel

lud ihn herein: ,, Willkommen, Herr Ritter!
sprach er, wie seyd ihr

,, heut in der stürmischen Nacht zu diesen Trümmern verirret? ''

Freundlich half er ihm aus, und gab ihm trockne
Gewänder.

Und dann fragte der Graf: ,, Woher sind diese
Ruinen,

,, die ihr bewohnt? '' — und zitterte schon, die
Antwort zu hören.

Ach, erlaßt mir die traurige Mähr! Einst
hatt' ich noch Thränen,

meinen Jammer zu weinen; nun sind sie ver-
trocknet. Des Elends

war zu viel! Ihr lachtet dann nur des kindischen
Bertolds.

Bertold sagst du? der älteste Schütze Ludberts
vom Waldsee?

Ja, der war ich! — O Bertold! mein alter Vater,
wie find ich

dich verändert, zertreten vom Elende wieder!
Mir ahnden

fchreckliche Dinge! Rede, wo ift mein Vater und
Druda?

Warum die Trümmer? O fprich! — Der Alte
fafste fich langfam:

Ach, des Jammers ift viel feit eurer Abfahrt
gewefen!

Wifst ihr, es war ein herrlicher Morgen. — Beim
duftigen Frühroth

hatte das Fräulein euch Blumen gepflückt. Noch
weifs ichs, wie heute.

Freundlich kam fie zum Stall, wo ich den Rappen euch putzte.

Bertold, fprach fie, da nehmet die Blumen und
Bänder, und fchmücket

meines Ludberts Rappen damit! Dann hob fie
das kleine

Händchen, und ftreichelte Mohren fo freundlich, und
hiefs ihn fein fromm feyn.

Sagt, was macht das herrliche Thier? Ihr bringt
es doch wieder?

„Leider verlohr ichs am Fufse des Felfen!“
Gütiger Himmel,

rief der Greis; — dahin? Wie pflegt' ich das
herrliche Thier nicht!

Wifst ihr, einft gab das Fräulein ihm Heu, ihr
fcherztet und fprachet —
Doch, ich feh euch glänzen die Augen von quel-
lenden Thränen.
Ich will kurz feyn! Kaum entfloffen zwei kroi-
fende Monde —
und Raboddo rückte heran mit reifiger Heers-
macht.
Saht ihr ihn eh den wilden, den gottverläftern-
den Unhold,
der vom Menfchenblute fich nährt, den Geier des
Landes?
Ringsum hat er die Gegend verödet: die ganze
Natur um
ihn ift ein verödetes Grab. Da hauft er nun
mitten
in der Verwefung, ein giftiger Molch! — Er
rückte zum Felfen,
forderte Druda fich von eurem Vater zum Weibe*
Was zur Antwort ihm ward, das könnt ihr errathen. — „ O weiter,
„ weiter Bertold! Mir zittert das Herz! Un-
glücklicher Vater,
„ arme unglückfeliche Braut! " — Wir hielten bei
vierzehn

schrecklichen Tagen den Felsen, und höffen noch
immer Entsatz von

eurem Ohm, Aribo von Urden: doch alles vergebens!

Bald umzihgelt Raboddo die Burg. Wir fordern
uns Abzug.

Dessen lachte der Unhold, und sprach: Fliegt
hin nach Gelüsten,

ihr verhungerten Käuze! Nur laſst die Dirne mir
bleiben!

Druda vernahms, und schwindelte nieder. Der
Vater umschlang sie.

Näher rasselten izt die Mauerbrecher, die
Kränze

feurigen Peches prasseln am Zwinger, schreck-
liche Aexte

hau'n in die Flügel des Thors — izt kracht es,
stürzet — izt drangen

Strom auf Strom; die Feinde herein. Ein wildes
Gemetzel

rings umher, und Geschrei und Wuth und stür-
zende Trümmer!

Mächtig führte Graf Ludbert das Schwert, das
Fräulein im Arme.

Alle bedeckten wir ihn mit unserm Schilden.
Raboddo

ward getroffen von ihm, und fluchte gräfslich
gen Himmel.

Itzund traf eine Kolbe mein Haupt. Ich schwindelte sinnlos

nieder zur Erd', und Nacht des Todes umhüllte
mein Antlitz.

,, Weiter, weiter! stammelte Ludbert, mein Vater
und Druda? "

Höret nur an! Ich lag wohl lang, und als ich
erwachte,

war es dunkel um mich. Am stillen, nächtlichen
Himmel

sanken die Sterne hinab. Rings öde, grausige
Stille!

Rund um mich her gestürzte Mauern, rauchende
Trümmer,

hier und dort ein knisternder Brand. Voll Schau-
dern erhob ich

endlich die zitternden Knie, und wandelte unter
Ruinen,

wie ein Schatten auf Gräbern einher. Bald
löschten die Sterne

vor der Helle des werdenden Tags, und — Gott!
welch ein Anblick!

Zittert nicht, Graf! Doch rächet ihn, rächt den
heiligen Schatten!—

Eures Vaters zerstümmelter Leichnam!! —
„Schrecklicher Himmel!

keuchte der Ritter im bitteren Schmerz, mit
knirschenden Zähnen.

„Graufend, graufend!" — und fank in tiefes,
starres Verstummen.

Plötzlich fuhr er empor: „Und Druda, rief er,
und Druda?"

Keine Kunde von ihr! Sie lebt, das weiß
ich, und liebt euch

ewig und treu; doch ach! ein schreckliches Leben
im Grabe!

Wißt, Raboddo bewahrt das Fräulein im Fel-
fenkerker.

„Druda im Kerker? Unfchuldiges Lamm!
O fage, wo haust der

„Wütrich, ich eile zu ihm, und gieng es durch
höllische Flammen! „

So, fo recht, mein wackerer Graf, fprach
Bertold, und küfste

Ihm die bebende Hand, und drückte sie innig
zum Herzen.

Morgen künd ich euch mehr. Für itzund laſst
euch gefallen,

was die Klauſe des Armen vermag! — Kaum hat
er geendet,

da ertönt es tiefer im Felſen, wie dumpfes Ge-
murmel;

näher kömmt es und näher, dann raſſelts, als
raſſelten Riegel.

Kalter Schauer umflieſst die Wangen des Grafen.
Er raffet

ſchnell ſein Schwert. Ha, ruft er, was iſt das?
Bin ich bei Mördern?

„ Ruhig, Graf, es ſchlägt die Stunde des
Ruhms und der Liebe! “

Plötzlich ſpaltet ſich krachend der Fels. Ein
Schimmer von Fackeln

hellet die Klauſe. Zwei Männer, vermummt in
ſchwarze Gewänder,

treten herein: „ Komm, Klauſner, zum
Bund! “ —

Und Bertold entgegnet:
Sieg und Heil dem Bunde der Helden! Seht Ludbert vom Waldſee!

Und es fielen die Larven; entgegen mit offenen Armen

ßürzen ihm Bruno, sein Bruder, und Kurt, sein
wackerer Oheim:

Sey uns gegrüfst! In Trümmern und Asche
sehn wir uns wieder.

Aber nur Muth! Bald schütteln wir Staub und
Asche vom Flügel!

Folg uns, Ludbert! Hier tiefer im Felsen ver-
sammeln sich lange

Männer für Freiheit und Recht. Es wohnt der
wackere Bertold,

seit den Trümmern der Burg ein Klausner in
diesen Ruinen,

auszukünden die Pilger, und Männer dem Bunde
zu sammeln.

Folg' uns Ludbert! —

Er folgt. Es schliefsen sich krachend
die Felsen

hinter ihm zu. Er wandelt durch labyrinthische
Gänge,

vor ihm die leitende Fackel und hinter ihm Dunkel
des Grabes.

F

Endlich raffelt es unter ihm auf; er finket, und
steht nun

mitten in einem Dom von blutigen Lampen er-
hellet.

Schwarz find alle Pfeiler umher, mit Flammen
durchfurchet;

alle Gefichter vermummt, und rings ein fchauriges
Schweigen.

Ludbert ftand, man redete nicht. — —
Was fchweiget ihr,
Männer!

brach er aus.   Es rollen die Stunden, und kehren
nicht wieder.

Auf, bald röthet der Tag! Laft uns die blitzen-
den Schwerdter

tauchen empor in die blutigen Stralen des Morgens, und fchwören:

Untergang dem Tyrannen, und Rettung der wim-
mernden Unfchuld! —

Druda jammert, der Schatten des Vaters winkt
mir zur Rache,

und ich weile noch hier, und harre nichtigen
Spielwerks!

„Ludbert!‟ rief die ganze Verſammlung und
　　　flog von den Sitzen,

ſtürzte ſich jach in froher Verwirrung dem
　　　Grafen entgegen:

„ Bruder des Bundes, ſey uns gegrüfst! —
　　　Wir folgen dir, Führer!

Heil! Du kröneſt das Werk!‟ ſo ſcholls durch
　　　die tönende Halle.

Sey mit dem Schwert der Rache gegürtet,
　　　Erſter des Bundes!

ſprach ſein Ohm, und hob es blinkend dem Gra-
　　　fen entgegen.

Schwing es tapfer und kühn, wie's einſt dein
　　　Vater geſchwungen!

Sey mit dem Seegen der Braut, du Lang-
　　　erſlehter, geſegnet—

ſprach der wackere Berthold, und hieng um den
　　　Nacken des Grafen

einen Kranz des Gebets — Ihn reichte mir Druda
　　　am letzten

Tage der Fehd'. Da, Bertold, ſprach ſie, ſiehſt
　　　du ihn wieder

meinen Ludbert, ſo gieb ihm den Kranz, und
　　　ſage dem Trauten:

Seiner Druda Gebet durchathme jegliche Perle.

Oft in nächtlicher Stille, beglänzt von einsamen
Sternen,

sey sie niedergekniet, ihm Gottes Segen zu beten.

Feucht sey jegliche Perl von Thränen der segnenden Liebe.

Ludbert stand, ihm quollen die Zähren; dann
hob er mit beiden

Händen das Schwert und den Kranz empor voll
Feier, und sagte:

Rach und Lieb'! Euch weih ich mich hier in
der ernsten Stunde!

Untergang dem Tyrannen, und Rettung der wim-
mernden Unschuld!

Eiserne Treue dem Bunde der Rache! Schwöret
ihm, Männer,

schwöret bei Schwert und Kranz! —

Sie schwuren. „Wohl,
Brüder der Rache!

Izt, wie seid ihr gerüstet? Wann können wir
schlagen?“ — Bereit ist

alles! rief Oswald. Nun wohl, sprach Ludbert,
so senden wir morgen

an Raboddo den Brief der Fehde. — Ja, morgen!
erfcholl es

rings in der Halle. Man rathfchlagte noch, und
eilte zur Ruhe.

Kaum erwachte der Morgen auf duftigen
Wolken des Frühroths;

da verfammelten fich am Fufse der felfichten
Trümmer

alle Brüder des Bundes mit ihren Männern und
Knappen.

Rings umher die Wiefe bedeckt mit Roffen und
Helmen,

Mauerbrechern und Aexten und Keffeln zu feurigen Kränzen,

Dächern zum Stürmen und Widderköpfen und
Körben zum fchanzen.

Langfam hob fich der Zug, und wogte der räub-
rifchen Burg zu.

Mittags langte man an. Graf Ludbert hiefs blafen
zum Kampfe,

und Raboddo nicht minder. Ein dichter Hagel
von Steinen

raffelte nieder vom Zwinger auf Ludberts reifige
Männer.

F 3

Muthig, ihr Männer, zum Kampf! rief Ludbert;
und rückte, gefchützt vom
Dache der Schilde, höher hinan. Es fchleuder-
ten feine
Felfenfchleuder fchreckliche Felfen hinauf an den
Zwinger.
Bald ift der trockne Graben gefüllt mit Reifig
und Körben,
überworfen mit Erd. Izt nahen ftürmende
Widder,
donnern am Fufse des Zwingers, dafs dumpf die
Felfen erfeufzen.
Gräfslich fluchet Raboddo darein, giefst praffeln-
de Flammen
Pechs und Schwefel hinab auf die dichtgefchlos-
fenen Schilde.
Krachend ftürzen fchon hier und dort die Zin-
nen der Mauer.
Langfam wälzt fich izt, von hundert Männern
gezogen,
ein Belagerungsthurm daher, mit Waffen und
Helden,
von fich fchleudernd fchwirrende Pfeil' und Flammen und Steine.

Ludbert steht mitten auf ihm, ein Gott auf don-
nernder Wolke.

Itzund wirft er die Leiter hinauf zum Kranze
der Mauer,

hüllet sich ganz in den mächtigen Schild.   Wer
folget mir? ruft er;

und ersteigt im Hagel der Steine, durch prasselnde
Flammen,

muthig den Zwinger, durchtrümmert die vor-
gehaltenen Lanzen,

und steht oben. — Ihm folgen im Strom die rei-
sigsten Männer.

Wüthend stürzet Raboddo daher.   Dem schlän-
gelnden Blitz gleich

sauset sein Schwert auf Ludbert; doch fängt es
der deckende Schild auf.

Gräfslich hauen sie zu auf einander; es bersten
die Schilde,

strömet das Blut in Strömen hinab die blinkenden Panzer.

Schwächer kämpfen sie schon.   Izt, izt! — O
sehet den Schwertstreich! —

Ha Triumpf! Er taumelt — er sinkt — da liegt er
am Boden.

Alles bebet zurück. — Er ist gefallen! ruft
    Ludbert.

Muthig ihr Helden! —

      Dafs Gott dich verderbe!
    röchelt Raboddo.

Dich und die Dirn! Ihr, meine Getreu'n, eilt,
    stoffet fie nieder! —

Seine Knappen hinunter die Stiegen! — In fchreck-
    licher Angst stürzt

Ludbert nach, fchwerathmend, mit hochgehal-
    tenem Schwerte,

gleich dem flammehden Engel, der Teufel zur
    Höllen hinabtreibt.

Seine Getreuen ihm nach — hinab die zerfallenen
    Stiegen,

mmer hinab, stets dunkler um fie. Ein fchal-
    lend Gewölbe

nimmt fie auf: und fchrecklicher Kampf begin-
    net von neuem.

Jeder hauet um fich, und fieht den Feind nicht.
    Ein graufes

Metzeln umher und Geheul. Izt hört durch das
    wilde Getümmel

Intdwert tiefer im Felfen ein Riegelgeraffel, und
    stürzet

jach dahin durch Schwerter und Tod. Er hört
ihre Stimme,

fliegt hinein, umschlingt sie, trägt durch die
Höhle des Mordes

mit vorhauendem Schwert sie an die Helle des
Tages,

immer hindurch die prasselnden Flammen, die
stürzenden Trümmer,

und der Siegenden lautes Gejubel, des Sterbenden
Wehruf.

Endlich ist er im Freien; da giebt er dem wa-
ckeren Bertold

und den umstehenden Rittern die Braut, und eilet
dann wieder

hin in den Feind. Doch sieht er das Siegesfähn-
lein vom Zwinger.

Wie auf Flügeln eilt er dann wieder zur theuer-
errungnen,

süßen Geliebten. Sie lag verblüht, in ruhiger
Ohnmacht,

in den Armen der Ritter. Ihr Ludbert sah es,
und rang die

blutenden Hände zum Himmel empor. Man kam
von den Flammen,

rief ihn Sieger, und liefs ertönen die lauten
Trommeten.

Ludbert fah die Kommenden nicht, er hörte den
Ruf nicht,

fah nur Druda's fchlummerndes Aug, die Lilien-
lippen;

horchte nur, ob noch kein Lifpeln über fie hin-
fuhr.

Hold, in weifsem Gewande, die blonden, fei-
denen Locken

um die Stirne geringelt, ein Bild der himmlifchen
Unfchuld,

fchlummert fie fanft. Ihr Jüngling fteht und
glaubt zu vergehen,

blickt dann ftumm gen Himmel empor. Es
fchweigen die Männer

rund um ihn, und jeglicher Blick hängt trauernd zur Erde.

Sanfte Blume, bift du verblüht? Entküfste
der Unfchuld

Engel dich, Holde, der Erd', um Edens Gefilden zu blühen?

Sieh, dein Jüngling trauert, im ftarren, fchwei-
genden Jammer

blickr er nieder auf dich, nnd fehnt fich einzig,
zu fterben!

Horch! War das kein Athmen? — War das
kein leiferes Lifpeln? —
Ja, fie lifpelt: fo lifpeln durch Blüten die Hau-
che des Lenzes. —
Izt, o feht! Es dämmert ihr blaues, fchmach-
tendes Aug' auf. —
Birg mich, hüllende Wehmuth, ich finge den
feligen Blick nicht!! —
„Druda! Ludbert!" — Sie finken ftumm fich
Bufen an Bufen.

Deutfchlands Klaggefang. *)

Den Kranz von Rofen legte Germanien
zur Erd', und ftreuet Afche fich auf das Haupt;
  ihr Antlitz welket. Ihre Locken
    fliegen zerftreuet umher. Was tönen

Für Klagefeufzer hoch zu den Wolken auf?
Unüberwindbar - mächtige Königin
  der Völker, fitzeft du als Wittwe
    nieder am Boden, und fchlägft die Bruft dir?

„Was athm' ich länger? Ich, die Verachtete!
Des Feindes Beute, Beute der Spottenden,
  ich ringe zur Geburt, und kann nicht,
    kann nicht gebären. O welchem Schickfal

---

*) Siehe Terpfichore, von Herder.
Merkwürdig find diefe Gedichte, von einem
lateinifchen Dichter des vorigen Jahrhunderts,
aus den Zeiten des jammervollen dreifsigjäh-
rigen Kriegs — und — als wären fie im jez-
zigen Frankenkriege gedichtet — für
unfre Zeit paffend.   D. H.

Erspar' ich mich? von innen und aussen gleich
bedrängt, begraben. Neben einander liegt
   Macht, Ehre, Tugend, Glück und Würde.
     War es nicht Höhe, die mir zum Fall ward?

Wo find die Zeiten, als ich der Erde rings
Gesetze gab, hinüber den Alpen, dort
   am Belt, Tiber, an der Schelde,
     Weichsel und Rhone, wo find die Zeiten?

O gebt mich wieder meinen gefürchteten
eiskalten Wäldern, wo mich ein Ta ci tu s
   lobpries, und meine tapfern Söhne,
     biedere Söhne die Mutter schützten!"

Der Janustempel. *)

An die versammelten Friedensstifter.

Ja ich gedenke Deiner und weine. Was quält
     du das Herz mir?
   Ich weiss es, dass du kaum noch Athem holst,
Deutschland! — Weiss, du liegest im Blut, zer-
     treten, im Staube,

ſ ſo lange jeñer Tempel offen ſteht. —

Schließet den Tempel, o ihr verſammelte heilge
Quiriten;

Fünf Lüſtern hat uns Mavors Wut geraubt.

Schließet den Tempel! Es hat der Orkus traurige Schatten

(Kaum faſſete die Haufen Charons Schiff,)

gnug empfangen. Germanien raucht. Es trocknet
die Augen

der Bürger ſich an ſeines Hauſes Glut.

Anderes hat er nichts, ſie zu trocknen; Scythen
und Barbarn

entriſſen ihm ſein dürftig-letztes Kleid.

Was Numantium einſt, was Ilion, Argos
und Thebe

an Noth erfahren, haben wir durchprobt.

Sinnlos irret der Schmerz mit losgelaſſenem
Zügel

durch öder Dörfer wüſte Wohnungen,

durch begrabene Städte. Das Kind, am Buſen
der Mutter

Verſchmachtend, drückt die nahrungsloſe
Bruſt. —

Ceres fchauet fich felbft und die hungrigen Schaa-
ren mit Zorn an,

Dafs ihre Frucht von Menfchenblut erwuchs.

Graufam herrfchte der Tod. Den rafft' er in
Eile; dem Andern

verfagt' er fich; die Jungfrau durfte nicht

unentweihet zum Grabe. Gefchändet- niedergetre-
tene Leichname fahn die ernften Manen fcheu,

Und wie im brennenden Walde die Glut, fo
wächfet der Krieger

ruchlofer Sinn und Frevel, Jahr auf Jahr.

Weithin wütet die Peft. Nicht Deutfchlands
Fluren allein drückt

der Jammer; ganz Europa mit ihm bebt.

Themf' und Schelde, der Rhein und die
Elb' und Wefer und Donau,

ihr' aller Wogen hat der Sturm empört.

Spanien fchleicht mit finkendem Tritt. Auch
Gallien finget

Triumphgefänge zwar, doch ächzend nur.

Rahel weinet um ihre Kinder; der traurige
Sieg weint

um taufend arm- erfchlagne feines Volks.

Schließet den Tempel, o Ihr von himmlischen
Pfeilen Erglühte,

ihr Friedensboten, schließet Janus
Thor!

Bannet hinein den Krieg, das Ungeheuer, und
feſſelt

mit hundert Ketten dem Altar es an,

Ihm zu Füſsen bindet den Neid und die ſchre-
ckende Rache,

den drohn'den Ehrgeiz und den wilden
Zorn;

bindet die Habſucht feſt; und ſtoſst der Pforte
den Riegel,

und wälzet Ajax mächtgen Stein ihr vor.

Dann umpflanzet das Haus mit dichten Hainen;
auch Phöbus

geſchärftes Feuerauge find' es nicht!

Auf ihm ruhe die Nacht, daſs Argwohn, Zweifel und Trugſinn,

Gewalt und Neid kein Ritzchen an ihm
ſpäh'.

Palmen ſproſſen umher und der Oelbaum. Setze
die Inſchrift

des dunkeln Haines vor der Pforte dann:
„Laſſet den Tempel in Ruh! Der Gott von Innen
ist Dem hold,
Der ihn in fernſter Ferne ſcheu verehrt."

Zwo Göttinnen. *)

Nicht im Schlummer allein genießt der Dichter'
Götterträume; dem Wachenden erscheinet
auch Apollo. So trat mir heut am Mittag
herrlich ein Bild vor;

Zwo Göttinnen. Die Eine weicht der hohen
Pallas kaum an Geſtalt und Königsgröße;
Und der anderen weicht die Meer - entſprungene
Paphia ſelber.

Stolzen Ganges erſchien die Kriegesgöttin,
in erſchreckender Pracht; es klangen Waffen,
goldenes Erz erklang, wohin ihr Fuſs ſich dro-
hender wandte.

Vor der Bruft den leuchtenden unanfchaubarn
Harnifch; auf dem Haupte den Helm. Es flogen
an dem blinkenden Helm, gefiedert flogen rau-
fchende Büfche.

In der Rechte das nackte Schwert; die Linke
hielt die Wage, worin auf einer Schale
alle Reich' E u r o p e n s, und in der andern
Tod und die Peft lag,

Schmerz und Thränen und Grimm und Weh und
Ketten. —
Ernften, heiteren Blickes trat fie vor mich;
Doch mein Auge vermocht' auch nicht den mildern
Blick zu ertragen.

Ihr entgegen erfchien im Lichtgewande,
glänzender als der Schnee, und mit fmaragdnem
Gurt umgürtet, die liebliche, die fchlanke G ö t-
tin des F r i e d e n s.

Um ihr bräunliches Haar den Kranz von Myrthen
und von duftenden Veilchen leicht gefchlungen;
Freude ftrömten die Augen, und die Lippen
liebliche Worte.

In der Rechte den Oelzweig, in der Linken
Sions Palme; fie gieng der furchtbarn Göttin
froh entgegen: „ o Schwefter. endlich, endlich
                    feh' ich dich wieder,

Nach fo vielen der Jahre! Ach, dein Kleid ift
blutroth! " — Traurich erwiederte der Völker
Themis: „Matt von Strafen und matt von Jam-
                    mer,
            komm' ich vom Schlachtfeld

Deutfchlands. Ströme von Blut find viel gefloffen!
Jetzt, o Schwefter —" Umarmend küfsten beide
Sich die Wange; fo küffen fich am Xanthus
                    glänzende Tauben.

„Lafs die Gewand' uns wechfeln! fprach die muntre
Friedensgöttin. Ich will die fchweren Waffen
mir verfuchen. Hinab den blutgen Panzer!
                    drohender Helm, ab!"

Und fie umwand ihn ringsum mit des Oelbaums
dichten Zweigen. Dem wilden Haar der Schwefter
wand fie Myrthen und Veilchen um, und Kühlung
                    wehende Palmen.

Jetzo fetzte fie fich den fchönern Helm auf,
fchwang das blinkende Schwert in leichtem Tanze,
und verbarg es. Die Waag' in ihren Händen
fproffete Rofen,

Sprofste Lilien: denn das Glück der Völker
tragend, wäget fie Fleifs und Lohn, der Arbeit
Müh' und füfsen Genufs, Verdienft und Ruhm in
goldenen Schalen.

Und mir entfchwand das Bild. O dafs die Schweftern,
fpät vereinet, fich niemals mehr entzweiten!
Dafs kein Frevel der Mächtigen die Göttin
wieder bewaffne!

Das Feuerwerk. *)

Nach gefchloffenem Frieden.

Die neuerfundene prächtige Flammen-Kunft
will ich zu Eurem Ruhme, Quiriten, nicht
anpreifen, dafs in Sinnesbildern
Eure Verdienfte zu Dampf verlodern.

Kein Ehrenbogen ſtrale von farbgem Licht,
kein Feuerdrache neben Centauren ſprüh'
  mit offnem Schlunde! Die Rakete
    Soll in die Lüfte nicht aufwärts ſteigen,

Und löſen ſich in Sterne; der Feuerball
nicht über Wellen hüpfen und untergehn,
  daſs fürchtend - froh der Pöbel jauchze,
    Und der beleidigte Strom erröthe.

Statt ſolches eiteln ſchreckenden Aufwands Pracht
beut mir der Aether ſchönere Wunder dar.
  Ich ſchaue ſie umſonſt, die ſchnellen
    feurigen Welten, die droben weilen.

Um Eurer Arbeit Früchte der ſpäteſten
Nachwelt zu melden, laſſet ein Feuerwerk,
  Laſst ein Trojaniſch - groſses Grabmahl
    Hier uns erbauen mit glühenden Fackeln!

Zu ſeiner Flamme darf es Neroniſcher
Mordbrände nicht; kein heiliges altes Rom,
  kein Buchenwald erglüh'; es ſeufze
    keine Dryade um ihren Ulmbaum!

Zu feiner Flamme haben wir Zunders gnug —
Hieher des Krieges fchreckliches Werkzeug! Bringt
   die Panzer her, und Helm' und Waffen,
     Schwerter und Spiefse, die Riefenfporne,

Und jeden Schild, der kriegenden Uebermuth
befchützte; bringt Trommeten und Hörner, bringt
   die goldnen Stiefel, die Soldaten,
     unter Soldaten auch Weiber fchmückten,

Und Scherp' und Gürtel; bringet die Fahnen her,
Standarten, Kriegeswagen und Kriegesgefchofs —
   Was fäum' ich? Bringt den g a n z e n K r i e g
       her,
     bringet ihn her, dafs er aufwärts flamme!

O S o n n e, lang' verdunkelter heilger Glanz,
H y p e r i o n s des Mächtigen Sohn! Erhörft,
   erhörteft je du deines Dichters
     flehend Gebet, o fo wend', o wende

Dein Stralenantlitz mit dem verzehrendften
Lichtblick herab, und zünde den Altar an,
   auf dem der K r i e g, der wilde, tolle
     traurige, fchändliche K r i e g zerftäube.

Dann reinige den Boden, o goldner Stral;
Wenn mit dem Schwerte du auch die Scheide felbft
    verzehret haft; und Ihr, Q u i r i t e n ,
      fetzet dem Sonnengericht die Infchrift:

„ Wer Einen Dolch, wer Einen verbannten Speer
aus diefer heilgen freffenden Flamme ftahl,
    wie A c h a n fey er ein Verfluchter,
      unter den Steinen des Volks erliegend! "

An einen Ausgewanderten. *)

Schallt mein freundliches Saitenfpiel
In die Ferne zu dir, S u m m a r a ; fo vernimms!
    Der ich fonft mit des O r p h e u s Kunft
R h e i n und D o n a u verband, fende der Töne
               Macht
    Nach H e l v e t i e n s Thälern jetzt!
Warum quäleft du mich mit den verlangenden
    Seufzern hin in dein Vaterland?
Klagft der Kriege Gefchick, härter als fichs gebührt,
    weich dir felber, mit Unmuth an?

Lern' entbehren! Auch ich meide mein Vaterland
    zwanzig längere Jahre schon.
Bacchus kelterte dort; aber für mich nicht
           mehr:
    Ceres erntete; nur nicht mir.
Längst entwöhnet anjetzt jenen Gefilden, zieh,
    wenn das Schicksal es so gebeut,
nach Sarmatien ich, oder ans schwarze Meer,
    Oder unter den Weltpol selbst.
Mein Haus ist ein Palast. Wo ich verweile, bin
    ich gebohren. Ein Vaterland
wird mir jeglicher Ort; Tapfere finden es,
    oder schaffen sichs überall.
Viel zu sehnend erflehst du von dem harten Glück
    deine Scholle zurück, und hältst
dich vertrieben. Du bist, glaub' es, gewan-
           dert nur. —

Gingen Römische Colonien
zu bewohnen das Land, das sie eroberten,
    sey du auch wie ein Römer dort,
und verbanne das Leid! Dein ist der Himmel ja,
    der dich decket, die Erde dein,

die dein flüchtiger Fuſs, (auch des Verbanneten
  Fuſs) betritt. Und ſo l e b e w o h l !
Wunderbar ! Es erklingt dreimal die Cither m i r :
  L e b e , l e b e g e t r o ſt u n d w o h l !

Erato.

Die Liebe.

Diese Erd' ist so schön, wenn sie der Lenz be-
blümt,
und der silberne Mond hinter dem Walde steht,
    ist ein irdischer Himmel,
        gleicht den Thalen der Seligen.

Schöner lächelt der Hain, silberner schwebt der
Mond,
und der ganze Olymp fleufst auf die Erd' herab,
    wenn die Liebe den Jüngling
        durch die einfamen Büsche führt.

Wenn ihr goldener Stab winket, beflügelt sich
jede Seele mit Gluth, schwingt sich den Sternen zu,
    schwebt durch Engelgefilde,
        trinkt aus Bächern der Seraphim;

Weilt, und trinket, und weilt, fchwanket im
Labyrinth;
eine reinere Luft athmet von Gottes Stuhl
ihr entgegen, und weht fie
gleich dem Säufeln Jehova's an.

Selten winket ihr Stab, felten enthüllet fie
fich den Söhnen des Staubs. Ach! fie verkennen
dich!
Ach! fie hüllen der Wolluft
deinen heiligen Schleyer um.

Mir erfchieneft du, mir, höheres Glanzes voll,
wie dein Sokrates dich, wie dich dein Plato fah;
wie du jenem im Thale
feiner Quelle begegneteft.

Erd' und Himmel entflieht fterbenden Heiligen;
Lebensblüthengeruch ftrömet um fie herum;
Engelfittige raufchen,
und die goldene Krone winkt.

Erd' und Himmel entfloh, als ich dich, Daphne!
fah;
Als dein purpurner Mund fchüchtern mir lächelte,

als dein athmender Bufen

    meinen Blicken entgegen ftieg.

Unbekanntes Gefühl bebte zum erften mahl

durch mein jugendlich Herz; froh wie Anakreon,

    gofs ich Flammen der Seele

        in mein zitterndes Saitenfpiel.

Eine Nachtigall flog, als ich mein erftes Lied,

füfse Liebe, dir fang, flötend um mich herum;

    und es taumelten Blüthen

        auf mein lifpelndes Spiel herab.

Seit ich Daphnen erblickt, raucht kein vergof-

        fenes

Blut durch meinen Gefang, fpend' ich den

        Königen

    keinen fchmeichelnden Lorbeer,

        fing' ich Mädchen und Mädchenkufs.

An die Nachtigall.

Waldſirene, du liebliche
Frühlingsſängerin, auf! und ſey
mir ein Bote der Liebe!

Siehſt du meinen Geliebten: ſo
ſag' ihm an, mit dem innigſten
Ton: Es grüſſet die Deine dich! "
„Grüſſet " ſinge mit hellem Laut;
„Dich die Deine! „ mit Seufzen nur.

Fragt er, was ich beginne: ſo
ſag' ihm an, mit gebrochenen
Klagetönen: „ Ihr brennt die Bruſt
voll von heiliger Flamme. Sie
ruhet unter dem Apfelbaum,
hingeſunken, zerfloſſen in
Thränen. Nach dem entferneten
Liebling ſchieſst ſie den Flammenpfeil. "

Bleibt er ſtumm, wie ein Fels im Meer,
hört dich kaum, und bewegt ſich nicht,
giebt ein trauriges Lebewohl

Dir zur Antwort, und denket mein,
mein nicht mehr; o so dringe Du
lauter, zärtlicher ihm ans Herz;
Suche, suche den kühnsten Ton,
und beweg' ihn! — Du fleuchst noch nicht?
Weißt du, Bote der Liebe? Weh,
weh mir Armen! — O fleuch, o fleuch!

Molly's Abschied.

Lebe wohl, du Mann der Lust und Schmerzen!
  Mann der Liebe, meines Lebens Stab!
Gott mit dir, Geliebter! Tief zu Herzen
  halle dir mein Segensruf hinab!

Zum Gedächtniss' bieth' ich dir, statt Goldes —
  was ist Gold und goldeswerther Tand?
Bieth' ich, Lieber, was dein Auge Holdes,
  was dein Herz an Molly Liebes fand.

Nimm, du süßer Schmeichler, von den Locken,
  Die du oft zerwühltest und verschobst,

wenn du über Flachs an Pallas Rocken,
. Ueber Gold und Seide fie erhobft! ·

Vom Geficht', der Mahlftatt deiner Küffe:
Nimm , fo lang' ich ferne von dir bin ,
Halb zum mindeften im Schattenriffe
Für die Fantafie die Abfchrift hin!

Diefe Schleife , welche deinem Triebe
Oft des Bufens Heiligthum verfchlofs ,
Hegt die Kraft des Hauches meiner Liebe,
Der hinein mit taufend Küffen flofs.

Mann der Liebe! Mann der Luft und Schmerzen!
· Du , für den ich alles that und litt ,
Nimm von allem! Nimm von meinem Herzen —
Doch — du nimmft ja felbft das ganze mit!

Liebe ift oft das Grab der Freundfchaft.

Eine Erzählung.

Keine Freundfchaft ift fo feft, dafs fie nicht einem Bruche unterworfen wäre, vornehmlich, wenn Liebe fich hinein mifcht. Hiervon ein treffendes Beifpiel!

Zwei junge Mädchen, eben fo artig, als fchön, fahen fich oft als Nachbarinnen, und fafsten fo eine ftarke Zuneigung zu einander, dafs nichts ihrer Freundfchaft gleich war. Eine war braun, und die andere eine allerliebfte Blondine; beide hatten Augen voll Feuer, einen fehr lebhaften Teint, und ich weifs nicht, welch ein Zwanglofes Wefen in ihrem Tragen, das Aller Blicke auf fie zog. Sie hatten überdem fehr viel Geift, und gaben dadurch ihrer Freundfchaft all den Reiz, deffen nur weibliche Freundfchaft fähig ift.

Die Braune übernahm die Rolle des Liebhabers — die Blonde hiefs der Geliebte; unter die-

fen Namen begnügten fie fich nicht blos mit einander zu f p r e c h e n , fondern fie f c h r i e b e n
fich auch faft alle Tage; die Gleichheit des Ge-
fchlechtes fetzte fie über alle Rückhaltung hinweg, und liefs fie in ihren Briefen die leiden-
fchaftlichften Ausdrücke brauchen.

Einige Monate nach ihrer Verbindung machte
die Brünette eine Eroberung.   Es war ein fehr
reicher junger Mann, dem die Stelle eines Raths,
u. Amtmanns (oder Landfchreibers), die er in einer der vorzüglichften Provinzftädte bekleidete,
einen entfchiedenen Rang gab.   Der Zufall liefs
ihn ihre Bekanntfchaft machen ; und er fchien fie
mit einer Art von Eifer zu unterhalten.   Die
häufigen Aufwartungen — einige halbe Erklärungen, gaben Sophien — fo hiefs die Brünette — An-
lafs, zu glauben, es fey auf eine H e i r a t h an-
gefehen, und fie befprach fich mit ihrer Freundin
darüber.   Charlotte — dies war der Name der
Blondine — nahm Theil an ihrem glücklichen
Loofe, und der Liebhaber traf fie oft bei ihrer
Freundin.

Sie hatte einen fanften gefälligen Karakter,
und machte daher, wider ihren Willen, Eindruck
auf das Herz des Rathes. Anfangs that er fich
Gewalt an, und verbarg, was er fühlte; als aber
der Zwang feine Leidenfchaft reizte, überliefs er
fich feiner Beftimmung, und da es ihm verdrüfslich war, die Blonde nie anders, als in ihrer
Freundin Gegenwart zu feben, befuchte er fie
nun in ihrem Haufe. Das liebenswürdige Mädchen nahm feinen Befuch als eine Höflichkeits-
vifite an, und machte ihrer Freundin kein Geheimnifs daraus. Einige Artigkeiten, die er ihr
fagte, nannte fie Artigkeiten des Verftandes, und
fchrieb fie nicht auf Rechnung der L i e b e. So
fah fie den Rath von Zeit zu Zeit, faft einen Monat lang, bei fich, ohne dafs ihre Freundin darüber unruhig war. Endlich aber, als er Sophien
anfieng einige Kälte zu zeigen, und von Charlotten mit zu viel Wärme fprach, begann fie
zu argwohnen, dafs er in fie verliebt fey, und
es kam bald zwifchen den beiden Damen zu einer Erklärung, die Sophien nichts weniger, als
angenehm war.

Charlotte verfprach ihr, fie wollte den Rath
entfernen, und fie hielt Wort; denn das erfte-
mal, als fie ihn wieder fah, bat fie ihn, fie mit
feinen fernern Befuchen zu verfchonen. Diefe
Bitte, davon es leicht war, die Urfache einzu-
fehen, hatte eine ganz entgegengefetzte Wirkung.

Charlottens Benehmen zeugte von einer Schönheit der Seele, die ihn entzückte, und diente
darzu, das zu befchleunigen, was er fchon ent-
fchloffen war, zu thun. — Nach einigen Klagen
über des liebenswürdigen Mädchens Strenge, fagte er ihr in den ernfthafteften, ehrerbiethigften
Ausdrücken, dafs er nur fie allein lieben könnte,
und dafs er um einiger Galanterien willen, die er
ihrer Freundin gefagt hätte, fich nicht verbunden
glaubte, dem Rechte, das er über fein Herz hätte,
entfagen zu müffen; dafs er feit dem erften Augenblicke, wo er fie fah, der ihrige gewefen fey,
und dafs keine andere jemals daran Theil haben
würde.

Zwar konnte Charlotte fich nicht erwehren,
eine fo verbindliche Erklärung mit Achtung zu

beantworten; doch erregte es ihr einigen Verdrufs, und fie blieb endlich feft in dem Entfchluffe,
des Raths Befuche nicht mehr zu dulden.

Unnütz waren alle Gründe, die er ihr entgegen ftellte. Er fah fich genöthigt, fie zu verlas-
fen, und drei bis viermal kam er vor ihre Thüre,
ohne dafs Charlotte für ihn fichtbar war.

Hinderniffe verdoppeln die Liebe; er liefs
nichts unverfucht. Er gieng zu ihrem Vater,
denn er wähnte, fie wünfche nur einen ausdrük-
lichen Befehl, um ihr Betragen zu entfchuldigen;
er entdeckte ihm dahero die ganze Befchaffen-
heit der Sache, und befchwor ihn, feiner Leidenfchaft günftig zu feyn. Der Vater fand die Parthie vortheilhaft, und verfprach, feiner Tochter
Bedenklichkeiten zu heben. Da er aber fich nicht
gerade feiner vollen Gewalt über fie bedienen
wollte, begnügte er fich blos damit, dafs er dem
Rath den Zutritt in feinem Haufe gab, und zwei-
felte nicht, dafs nicht die Zeit, feine Liebe und
feine Verdienfte ihm die Einwilligung verfchaffen
würden, die man ihm jetzt verfagte.—Charlotte,

die jetzt genöthigt war, den Rath zu dulden;
da ihn ihr Vater oft zu ihr führte, ließ ihrer
Freundin den Zwang merken, den man ihr an-
that, schwur ihr aufs neue die beständigste, treue-
ste Freundschaft zu, und versicherte sie, daß trotz
all dem Gehorsam, den sie ihrem Vater schuldig
sey, man ihr nie vorzuwerfen haben sollte, daß
sie eine so niedrige Seele habe: ihrer Freundin
ihren Liebhaber wegnehmen zu wollen.

Doch auch ein so ehrliches Benehmen besänf-
tigte die Freundin nicht. Sie hielt sich für be-
schimpft, daß der Rath aufgehört hatte, sie zu
besuchen; sie sah das liebenswürdige Mädchen,
welches die Ursache dazu war, für eine geheime
Genossin der Verrätherei an, und faßte für sie
eben so viel Hass, als sie Anfangs Zärtlichkeit gehabt hatte.

Der Befehl eines Vaters war ein ausgedachter
Vorwand, um ihre Treulosigkeit zu maskiren,
und die Bitte, die ihre Freundin an sie that, sie
nicht eher zu verdammen, bis sie schuldig wäre,
fachte blos ihre Eifersucht noch mehr an.

Es erfolgte ein gänzlicher Bruch, und Sophie
fchwur bei ihrem letzten Hinweggehn von Charlotten, fo lange fie lebte, alle Gelegenheit zu fuchen, fich zu rächen. Sie hielt Wort. Ihr Hafs
kannte keine Grenzen; und da die Nähe, in der
fie bei ihrer ehemaligen Freundin wohnte, ihr
öfters Gelegenheit gab, ihn ausbrechen zu laffen,
fo veränderte ihre Mutter die Wohnung, und
zog in ein entgegengefetztes Viertel der Stadt.

Indeffen waren die Gefchäfte, die den Land-
beamten in die Refidenz gebracht hatten, geen-
digt, und er wollte jetzt beftimmt wiffen, was
er von feiner Liebe zu hoffen habe. Charlotte —
fey es, dafs ihr Herz nichts für ihn fühlte, oder
dafs fie immer noch grofsmüthig feyn wollte —
bat ihn, einer a n d e r n anzubiethen, was ein
früheres Verhältnifs i h r verböthe, anzunehmen.
Er kehrte in feine Provinz zurück — voll von Achtung für diefs liebenswürdige Mädchen; und um
fich von feiner Leidenfchaft zu heilen, verheira-
thete er fich bald darauf mit einer fehr angenehmen Perfon. Charlotte that kurz nachher das näm-

liche. Ihr Geliebter war reich , und ob er gleich
nicht viel Geift befafs, war er doch von gutem
Haufe, und in diefer Rückficht liefs fie fich es gefallen , ihn zu heirathen.

Ihre Verbindung war von kurzer Dauer. Ihr
Gemahl ftarb ein Paar Monate nach der Hochzeit.
Ein bösartiges Fieber raffte ihn hinweg. Da die
Liebe den wenigften Antheil an diefer Verbindung
gehabt hatte, fo tröftete fich die junge Wittwe
gar bald. Die Trauer verlieh ihr neue Reize ,
ihre Farbe fchien defto lebhafter , und der Zu-
wachs von Vermögen, den fie durch ihre Ver-
heirathung bekommen hatte, machte fie zu einer
fehr anfehnlichen Parthie.

Die fechs Monate der Trauer waren verfloffen;
die fchöne Wittwe fieng wieder an, in der Welt
zu erfcheinen ; und hier begann ihr ein junger
Baron den Hof zu machen.

Er war fchön und reich; aber fehr delikat im
Punkt der Liebe. Er fuchte ein Herz, das er un-
getheilt befitzen könnte, und da er es für unmöglich hielt , eines zu finden , das noch gar

nicht geliebt habe, fo wünfchte er wenigftens
eines, das noch keine ftarke Leidenfchaft empfunden hätte.

Kaum hatte er dem liebenswürdigen Weibe
einige Aufmerkfamkeiten gezeigt, fo erfuhr er
die Leidenfchaft, die der Rath für fie gehabt hatte. Er fprach mit ihr davon, und fie machte keine Schwierigkeiten, ihm zu geftehen, dafs fie
nicht aus Mangel an Werthfchätzung, ihn aus-
gefchlagen habe, fondern dafs fie diefes Opfer
einer Freundin gebracht habe, die ihn liebte.

Der junge Baron fand das Verfahren diefer
jungen Dame fo wenig wahrfcheinlich, dafs ihm
das Abentheuer fogar verdächtig ward. Er wollte
Aufklärung, und erkundigte fich mit der äuffer-
ften Sorgfalt nach den wahren Urfachen, die die
Heirath verhindert hatten. Die Sache wurde ihm
verfchieden erzählt, je nachdem er fie von einer
oder der andern der beiden Partheien hörte. Er
glaubte alfo am beften zu thun, wenn er die Auf-
führung der Dame beobachtete; und nach diefer
die Gefinnungen beurtheilte, deren ihr Herz fähig

feyn könne. Er verdoppelte feine Aufmerkfamkeit
gegen fie, und da er fah, dafs fie durch ihre
Sanftheit und Rechtfchaffenheit alle Welt entzückte, fo ward er förmlich in fie verliebt. Es
dauerte nicht lange, fo erklärte er fich; zwar
fah er leicht, dafs fein Antrag gut aufgenommen
ward; doch, da er nur heirathete, um glücklich
zu feyn, fo fagte er ihr offenherzig, er wolle
ihr Zeit laffen, ihn kennen zu lernen, ehe fie
fich zu feinem Vortheile erklärte, damit fie niemals Urfache habe, es zu bereuen.

So fetzte er feine Befuche mehr als einen Monat fort, ohne von der Heirath zu fprechen; ja
es war ihm nicht genug, fie alle Tage zu fehen;
er fchrieb ihr auch täglich, und nichts war
leidenfchaftlicher als feine Billets.

Charlotte war fehr zurückhaltend in ihren Antworten; und diefe Zurückhaltung — ein Zeichen
ihrer Befcheidenheit—gefiel dem Baron und ärgerte ihn zugleich. Denn fah er darin den Karakter der Klugheit und Schamhaftigkeit, die man
von einer Gattin wünfchen mufs, fo fürchtete

er auf der andern Seite, daſs die Empfindungen
der Achtung, auf die ſie ſich einſchränkte, Zeichen von ihrer wenigen Liebe wären.

So ſtanden die Sachen, als der unvorherge-
ſehenſte Zufall die Einigkeit dieſer beiden Seelen
erſchütterte.

Eines Tages, als Sophie groſse Geſellſchaft bei
ſich hatte, kam unter andern Neuigkeiten, die
da abgehandelt wurden, eine der Damen auch
darauf, daſs Sophiens ehemalige Freundin auf
dem Punkt ſey, ſich zu verheirathen. Sie fragte
ſogleich nach den Umſtänden des Bewerbers, und
einer der Herren, der da verſicherte, daſs er einer ſeiner vertrauteſten Freunde ſey, ſagte, daſs,
ſo viel Verdienſte auch die Geliebte haben möge,
ſie doch keine Wahl treffen könne, die ihrer
würdiger wäre. Sophie wandte das Geſpräch auf
etwas anders, wo ſie ohne Bewegung und heiter
ſeyn konnte, und da ſich die Geſellſchaft nach
und nach entfernte, und am Ende der Herr,
der ſich des Barons Freund genannt hatte, nur
noch allein blieb, ſo brachte ſie das Geſpräch

wieder auf ihn; — Ich kann nicht länger —sagte
fie ihm — einen Freund des Barons in Ihnen fehen, ohne Ihnen zu entdecken, dafs er nicht im
geringften glücklich feyn würde, wenn er das
niederträchtigfte und heuchlerifchfte Mädchen heirathete, dafs fie Briefe von ihr an den Landrath
in Händen habe, die — wenn er fie lefen follte,
ihn deutlich überzeugen würden: dafs der Rath
Vortheile über fie erlangt habe, die fie unwerth
machten, dafs ein rechtfchaffener Mann fie noch
anfähe. — Kaum hatte fie diefs gefagt, fo gieng
fie in ihr Kabinet, und brachte eine Menge Briefe mit fich. — Der Landrath, fagte fie, habe fie
ihr felbft gegeben, da er ihrer überdrüfsig geworden, und bei feiner Abreife kein Zeichen feiner Verblendung habe mit fich nehmen wollen. —

Es waren die, welche Charlotte während ihrer
freundfchaftlichen Verbindung mit ihr, als ihr
Geliebter, an fie gefchrieben hatte. Sie waren
ganz fo, wie fie eine Geliebte ihrem Liebhaber
fchreibt, voll von einer Liebe, die keine Zurückhaltung mehr kennt, voll von Beweifen eines
fehr innigen genauen Umgangs.

Herr von Lindheim — dies war der Name des
Herrn — bat fie,. die Briefe ihm anzuvertrauen,
und er erhielt fie, unter der Bedingung, dafs er
fie nicht aus feinen Händen laffen, fie ja C h a r-
lotten nicht zeigen, und fie ihr übermorgen
wiederbringen follte.

Er glaubte, feinem Freunde davon Nachricht
zu geben, hiefs' ihm den beften Dienft leiften.
Er fragte ihn, als er ihm den erften der Briefe
zeigte, ob er diefe Handfchrift kenne? Der Baron
fagte ihm fogleich, es fey die feiner Geliebten,
und kein Verurtheilter, dem man fein Todesurtheil vorlieft, zeigt fo viel Beftürzung, als er bei
jeder Zeile, die er las. Die Ausdrücke waren
ziemlich ftark. Man urtheile aus einem der Billets, die ihm fein Freund zu lefen gab!

,, Mir deucht, mein Einziggeliebter, dafs du
,, mich geftern ein wenig kalt verliefseft. Macht
,, der G e n u f s d e r L i e b e euch Männer gleich
,, alle fo anders, als ihr feyd, wenn ihr noch
,, auf Erhörung hofft? — Ich habe die ganze Nacht
,, kein Auge zugethan; und wenn du mir das nicht

,, glauben folfteft , fo wird dich die Bläffe mei-
,, nes Geſichtes davon überzeugen. Komm eilig,
,, es durch die zärtlichften Liebkoſungen wieder
,, gut zu machen — ich bin ganz in der Stim-
,, mung , fie anzunehmen; und wenn du fo ver-
,, liebt bift, als du geliebt wirft ; fo follft du alle
,, Urfache haben , zufrieden zu feyn. — Deine
,, Charlotte. "

Der Baron war fo von Schmerz durchdrungen,
dafs er unbeweglich ftehen blieb — ohne ein einziges Wort hervorzubringen. Nach einer Vier-
telftunde Stillfchweigen wollte er die Briefe als
die unverwerflichften Zeichen der fchändlichen
Leidenfchaft behalten, um die Heuchlerin davon
zu überführen; aber fein Freund fchlug ihm das
ab, und er mufste fich damit begnügen , fie ab-
zufchreiben. Er vermocht' es nicht ohne
taufend Seufzer, und da das Uebermaafs feiner
Liebe, die ihm feine Geliebte immer noch in all
ihren Reizen zeigte , ihn fürchten machte , dafs
er — wenn er fie wieder fäh — fich von ihr ein-
nehmen laffen möchte, fo entfchlofs er fich, die-

fer Klippe zu entfliehen; und, anftatt zu ihr zu
gehen, fchrieb er ihr ein Billet, und fein Freund
nahm es auf fich, es ihr zu überbringen. In
diefem Billet fagte er ihr auf ewig Lebewohl,
und dafs er ihr nicht beffer beweifen könne, wie
zärtlich er fie geliebt habe, als wenn er ihr die
Urfache verberge, die ihn hindere, fo zu handeln.

Man urtheile, mit welcher Ueberrafchung
Charlotte diefe Veränderung fah! Sie hatte fich
fie fo wenig von ihm erwartet, dafs fie Anfangs
glaubte, er wolle fie auf die Probe ftellen. Aber
bald fah fie die Wahrheit ein; Der Baron hörte
gänzlich auf, fie zu befuchen, ohne fich über die
Urfache des Bruches zu erklären. — Welch ein
Triumph für Sophien! Jetzt fehlte ihr blos noch,
um ihn ganz vollkommen zu machen, Charlottens Liebhaber zu fich hinzuziehen. Sie ftand
fehr gut mit feinem Freunde; er fand ihren Humor allerliebft, und glaubte beinahe felbft, er
werde den Baron für feinen Verluft zu tröften
vermögen. Er fprach mit ihm davon, uud der
Baron liefs fich mit Freuden zu ihr führen; er

hoffte, all die genauen Umſtände, die ihm Sophie von den Fehltritten ihrer unvorſichtigen
Freundin ſagen könnte, würden vollends das,
was noch von Liebe in ſeinem Herzen wäre, ver-
wiſchen.

Sophie — geiſtreich, wie ſie war — gab all dem,
was zwiſchen ihrer ehemaligen Freundin und dem
Rathe vorgegangen war, ſo eine boshafte Wen-
dung, bedauerte in ihr mehr die Freundin, als
den Liebhaber, ſo daſs der Baron ganz überzeugt
wurde, ſie meine es aufrichtig, und unvermerkt
anfieng, ihr Achtſamkeiten zu zeigen. Sie erwiederte ſie mit ſo viel Gefälligkeit, als ihr der An-
ſtand erlaubte. Sie kannte ſeinen Karàkter, ſie
wuſste, wie delikat er über die Zärtlichkeiten des
Herzens dachte, und ſie ließ ihn, ohne zu zeigen, daſs ſie es wollte, merken, daſs, wenn ihr
Herz einige Leidenſchaft für ihn faſste, es die
einzige ſey, die ſie je empfunden hätte. Nichts
fehlte mehr, um ihn glauben zu machen, daſs
er glücklich ſeyn würde, wenn er ihre Liebe erlangen könnte. Sie war ſchön, ihr Geiſt war

lebhaft — fie hatte noch weit mebr Vermögen, als ihre Freundin, und, was ein grofser Reiz für ihn war, — fie hatte fo viel Sorgfalt, alle die zu entfernen, die ihn etwa in Schatten fetzen könnten, dafs, fo oft er fie fah, er fie immer allein fand. Er war in guten Händen! und ohne Vorfchritte zu machen, die ihn konnten lau werden laffen, brachte fie ihn bald dahin, fich ganz deutlich zu erklären.

Die neue Leidenfchaft, deren er fich als ein Mittel bediente, fich von feiner erften zu heilen, konnte ihn jedoch noch nicht ganz feine fchöne Blondine vergeffen machen, die inzwifchen nichts von der Intrigue wufste. Er dachte oft an fie, und wenn er fie bisweilen von weitem in der Kirche fand, war er immer in Verzweiflung, dafs die Sittfamkeit, die er auf ihrem Geficht fah, nichts als Maske fey.

Die Zeit verflofs indeffen; und die neue Geliebte, welche Urfache hatte, zu fürchten, dafs man ihre Betrügerei entdecken möchte, gab ihm fchon halb zu verftehen, dafs feine Verzögerung

ihr nichts weniger als behage ; als auf einmal der
Landrath—ihr und Sophiens erfter Geliebter—wieder in die Refidenz kam.

Der Baron erfuhr es, und wünfchte ihn kennen zu lernen. Leicht fand fich eine Gelegenheit dazu, und fie hatten eine Unterredung ohne
Zeugen mit einander. Charlotte ward bald der
Stoff. Der Rath fprach mit folchen Zeichen von
Achtung von ihr, die nur von einem Manne kommen konnte, der ganz überzeugt ift. Er hätte
fich, fagte er zum Baron, wenn er fo glücklich
gewefen wäre, von ihr geliebt zu werden , den
gröfsten Ruhm daraus gemacht, fie den glänzend-
ften Erbinnen vorzuziehen ; er habe fich aus Verzweiflung verheirathet, und es hätte drei Monate
Zeit und die ftrengfte Rechtfchaffenheit erfordert,
eh’ er die Gefälligkeiten feiner Gattin mit Ge-
genliebe hätte erwiedern können. Er gieng nun
in das Innere feines Abentheuers ein , und mahlte
ihm in fo ftarken lebenden Ausdrücken die Schönheit ihrer Seele, dafs der Baron in die äufserfte
Verlegenheit gerieth. Der Rath fagte ihm nichts,

als was ihm höchst wahrscheinlich war, aber so
viel Neigung er auch es zu glauben hatte, so
konnte er doch seine A u g e n nicht Lügen strafen. Er hatte es gelesen- Die Briefe waren von
Charlotten, und die Hand war ihm zu gut bekannt, um zu glauben, dass er sich getäuscht habe.

Der Landrath sprach so lange die nämliche
Sprache, dass der Baron endlich gezwungen war,
ihm zu sagen : er sey sehr diskret, man wisse aber
demohngeachtet, dass er eine Menge Briefe von
ihr erhalten hätte, die es deutlich verriethen,
dass seine Liebe nicht sey unbelohnt geblieben.

Er betheuerte hierauf mit den feurigsten Schwü-
ren, dass er nie ein Billet von ihr bekommen
habe, und bat mit so viel Ungestüm, ihm die
Schändlichen zu sagen, die so eine Verleumdung
ausbreiten konnten, dass der Baron endlich anfieng, Verdacht von einem Betruge zu schöpfen,
den man ihm habe spielen können.

Er verliefs den Rath, um sich noch mehr Aufklärung zu verschaffen, die seine schöne Blondine
rechtfertigen könnte.

Er befchlofs, gerade zu ihr zu gehen, und fich mit ihr felbft, über den geheimen Umgang zu verftändigen, den fie· gehabt haben follte.

Man denke fich das Erftaunen diefes liebens- würdigen Weibes, einen Mann wieder vor fich zu fehen, von dem fie Mónate lang nichts ge- hört, und der fie auf fo eine kränkende Art verlaffen hatte. Sie empfieng ihn kalt und ftolz, damit fie nicht fchien, als wollte fie ihn zu einem langem Befuche verleiten. Der Baron leitete fo- gleich das Gefpräch ein; er las ihr 3 bis 4 von den Briefen vor, die ein Mädchen vor ihrer Ver- heirathung follte gefchrieben haben, und fragte fie, ob fie den Stil kenne, oder ob fie fie im Ori- ginal fehen wolle. Charlotte fah ihn ftolz an, und fagte ganz dreift: fie habe nicht erft nöthig, die Originale diefer Billets zu fehen, um ihm zu geftehen, dafs f i e fie gefchrieben habe, und dafs fie blos um ihrer eignen Ehre willen, nicht aber um feine Neugierde zu befriedigen, ihm alle A n t· w o r t e n wolle fehen laffen. Sie öffnete zu glei- ·her Zeit ihren Schreibefchrank, und zog mehr

als 50 Billets aus einem Käftchen, die fie von ihrer Freundin erhalten hatte.

Der Baron erkannte bald die Handfchrift, und
nach einer kurzen Vergleichung, entdeckte er das
ganze Verhältnifs, das fie als Liebhaber und Geliebte unter fich gehabt hatten, erklärte er fich
die Zurückhaltung, mit der ihm feine neue Geliebte immer gefchrieben hatte, und die Schwüre
des Landraths öffneten ihm vollends die Augen
über den fchändlichen Betrug.

Er warf fich zu Charlottens Füfsen; ihre Vorwürfe waren gerecht, und fie verfagte ihm lange
die Verzeihung, um die er flehete. Doch fie
liebten fich beide, und es giebt keine Beleidigung,
die nicht wahre Liebe vergeffen machen
könnte.

Der Baron fprach in dem Augenblicke noch
mit ihrem Vater, und erklärte, nicht eher von
ihm zu gehen, bis er nicht den Ehekontrakt un-
terzeichnet habe. Die Parthie war zu vortheilhaft — Man rief den Notar, und die Hochzeit erfolgte 8 Tage darauf.

Die einzige Rache, die Charlotte an Sophien nahm, war, daſs sie ihren Geliebten vermochte, ſie bis zur letzten Stunde hoffen zu laſſen, wo ihr ſodann ein Billet von ihm ſeiue Vermählung kund that.

Ein Donnerſchlag war für ſie dieſe Nachricht. Der Baron hatte ſeinem Billet einige von denen mit beigelegt, die ſie an ſeine Gemahlin geſchrieben hatte; ſie ſah daraus, daſs ihr Kunſtſtück entdeckt war, und um ſich die Schaam zu erſparen, reiſte ſie ſogleich ab, und vergrub ihre Verzweiflung auf einem entfernten Landgute.

Der Landrath ward der würdige Freund des tugendhaften Bundes, und, ſo lange er in der Reſidenz blieb, der tägliche Zeuge ihres Glückes.

Melpomene.

Szenen aus:

Tugendopfer.

Trauerfpiel in 5 Aufzügen. *)

Hier vorkommende Perfonen,

Der Herzog.

Graf von Thurn.

Charlotte von Thurn, deffen Gemahlin.

v. Kronfels, Feldmarfchall.

v. Wilberg,

v. Schönhof,   } Am Hofe des Herzogs.

v. Bernau,

v. Roll, Abbé.

---

*) Erfcheint gedruckt im neuen Kunftverlage
zu Mannheim.

Erster Aufzug.

(Die Szene auf einem herzogl. Luftschloſſe nahe am Lager. Ueber der Thüre des Saals iſt das Bild des Herzogs.)

Vierter Auftritt.

v. Schönhof; v. Bernau; v. Wilberg.

v. Wilberg. Freunde! ich hab Euch mit Sehnſucht erwartet! — Wie giengen Eure Aufträge?

v. Schönhof. Nach Wunſch! Charlotte kömmt.

v. Wilberg. Schwärmſt du, Schönhof?

v. Bernau. Sie folgt uns auf der Ferſe. —

v. Wilberg. Umarmt mich! — Euer Glück iſt gemacht!

v. Schönhof. Unſer Glück? Ich kenne nur eines — den Feldmarſchallſtab.

v. Bernau. Ein hübſches Aemtchen!

v. Wilberg. Wenn es ledig wäre. —

v. Schönhof. Ledig? Es iſt wahr, die Würde scheint mit den Kronfelſen verheirathet. Aber (boshaft lächelnd) man hat Beiſpiele von Eheſcheidungen. —

. Bernau. Schenkt mir armen Teufel fo neben-
bei ein Regiment, und ich mache dich Schönhof zum Feldmarfchall.

v. Schönhof. Die Hand! — Wilberg! Willt
du mit arbeiten?

v. Wilberg. Ob ich will? Ihr feyd meine
Herzensfreunde; aber —

v. Bernau. Keine Aber! Das Triumvirat fey
befchworen! — Die Hände warm eingefchla-
gen! — Wenn wir verbrüdert find, wer im
Staat kann uns widerftehen? — Alle Würden
gehen durch unfre Hände, denn wir befitzen
das Herz unfers Herzogs.

v. Wilberg. Brüder! zur Hauptfache! — Euer
Bericht —

v. Schönhof. Wir kamen an, wollten als
Reifende den Herrn Grafen von Thurn fprechen; er ift verreift; was weifs ich, ein ent-
fetzlicher Prozefs —

v. Wilberg. Den ich mit gutem Bedacht rege
machte —

v. Bernau. Wir begehrten alfo der Frau Grä-

'fin unfre unterthänigfte Aufwartung zu machen. —

v. Wilberg. Was ift natürlicher?

v. Bernau. Mit vieler Mühe wurden wir endlich vorgelaffen, denn Seine eiferfüchtige Gnaden, der Hr. Graf, leben wie ein Eremit im ftrengften Inkognito. Der kleine Engel kömmt——

v. Schönhof. (in Extafe) Bruder Wilberg! ich glaubte eine Gottheit zu fehen; ihr zarter Fufs berührte die Erde kaum, fie fchwebt nur. Ich wär ihr gern zu Füfsen gefallen, und hätte reuig an mein Herz gepocht—

v. Wilberg. Ift fie denn noch fo fchön?

v. Schönhof. Wie der lächelnde Mai! Rofen und Lilien blühen auf ihrem Antlitz, und die Unfchuld, das fittfame Wefen! — O fo ein fanfter Engel—

v. Bernau. Ja! ich fchwöre, wäre nicht der Herzog felbft unfer Kranke, der diefer Wundarznei bedarf, Charlotte wäre mein; Sie ift die Perle einer Königskrone.

v. Wilberg. Ihr verliert euch! Brüder! —
Zur Erzählung! Ich fteh' auf Kohlen! Wie
denkt fie? Warum kömmt fie? Nur gefchwind!
zum Henker! an diefer Liebe hängt unfer
Glück! Alfo zur Sache Herr Feldmarfchall,
und Sie, Herr Proprietaire!

v. Schönhof. Nur keinen Spott! Vielleicht ehe
die Sonne untergeht, foll viel gefchehn. —
Wir liefsen uns ganz unfchuldig mit der Gräfin in's Gefpräch ein; fagten ihr, dafs wir
aus England kämen; feufzten über die unglücklichen Waffen, und reizten nach allen
Hofregeln ihre weibliche Neugierde —

v. Bernau. Und am Ende nannten wir ihren
Bruder.

v. Wilberg. Und die Gräfin? —

v. Bernau. Erblafste —

v. Schönhof. Wir vergröfserten die Gefahr —

v. Bernau. In fechs Minuten flogen wir von
Stufe zu Stufe, und in der fiebenden ftanden
wir mit ihm auf dem blutigen Schaffot —

v. Wilberg. Meifterhaft!

v. Bernau. Es hat Schweifs gekoftet! (Er wifcht
die Stirne)

r. Wilberg. Und Charlotte?

v. Schönhof. (reibt lächelnd die Hände) Stürzt in die Kutsche.

v. Wilberg. In die Reisekutsche?

v. Bernau. „In die Residenz! Nach Hof!" rief sie dem Kutscher —

v. Schönhof. Aber Madam! unterbrach ich sie: der Herzog ist bei der Armee —

v. Bernau. Also dahin! war ihr Befehl —

v. Wilberg. Und sie ist —

v. Bernau. In einer Minute hier! Wir klepperten wie ein Paar abgedankte Reisige 'vor ihr her — Nun, wie bist du zufrieden?

v. Wilberg. Bis zum Wunder! — Küsst mich! Ihr habt mich überrascht. O Herzog! wie wirst du jauchzen! — Er zerschmilzt in Zärtlichkeit —

v. Bernau. Der arme Wittwer soll getröstet werden!

v. Schönhof. Er wird seinen Augapfel sehen. Still! Ich höre schon ihre Stimme — Sie kömmt! — Bravo! (alle schlagen freudig in die Hände, und ziehn sich etwas zurück.)

Fünfter Auftritt.

Charlotte v. Thurn. Hernach der Herzog.

v. Wilberg. Welch ein Reiz!

Charlotte. (die ängftlich herumirrt) Ha! — Hier find ich jemand! — Ich bin ganz fremd am Hofe geworden. — Meine Freunde! haben Sie für meinen Bruder gebeten? Wiffen Sie einen Weg? Ich mufs eilends den Herzog fprechen! — Wie geht es meinem armen Bruder? — Das ift ja von Wilberg? — O mein Herr! Sie verzeihen — Ich bin fo verwirrt, fo voll Angft — .

v. Wilberg. Gnädige Gräfin! Nur folche Zufälle alfo können uns fo glücklich machen, Sie zu bewundern? —

Charlotte. O ich befchwöre Sie, flehen Sie für meinen Bruder! Wie fteht feine Sache?

v. Wilberg. Nicht zum beften; man legt ihm viel zur Laft.

Charlotte. Entfetzlich! — Sein Schickfal —

v. Wilberg. Ich beklag' ihn von Herzen —

C h a r l o t t e. Hülfe! befter Wilberg! Hülfe! —

v. W i l b e r g.   Der Herzog ift gütig — Er
kömmt. — (Die Mittelthüre öffnet fich mit Ge-
täufch; man fieht viele Höflinge, und in der
Mitte erfcheint der Herzog, indem er eine
Schrift an einen vom Gefolge abgiebt)

D e r H e r z o g. Arnheim dauert mich! Alle Stimmen waren wider ihn. —

C h a r l o t t e.   (ftürzt zu feinen Füfsen) O! Fürft!
Gnade! (die Höflinge entfernen fich)

D e r H e r z o g. (indem er ftaunend zurückprallt)
Gräfin ! —

C h a r l o t t e.   Gütiger Fürft! beben Sie nicht zurück! Es ift die unglückliche Charlotte, die
für ihren Bruder bittet. Schenken Eure Durchlaucht meinen Thränen Ihre Huld! Gnade
fchmückt die Fürftenkrone, Gerechtigkeit
ftützt, aber Mitleid e h r t den Thron, und
vergöttert die Beherrfcher —

H e r z o g. Stehen Sie auf, meine liebe Gräfin!
Sie wollen meine Würde beftechen. Kann
ein Regent alles bewilligen? — Wie graufam

L

find Sie! Sie kennen die Macht Ihrer Augen,
und wollen mich zwingen, wider meine Pflicht
zu handeln.

Charlotte. Ist denn mein Bruder gar so sträflich? Haben feine langen Dienste keine Rückficht verdient? — O gütiger Fürst! legen Sie
jetzt Ihr edles Herz zu ihnen in die Wag-
fchale, fie wird tief finken, und das Uebergewicht geben.

Der Herzog. Laßen Sie mir Zeit! Wir Re-
genten können nicht alles; was ich kann, foll
gewifs gefchehen. — Was wagt man nicht für
eine Charlotte? — Einst meine Charlotte! —
aber ach! jetzt die Gattin eines Mannes, der
mich meines fchönsten Glücks beraubt! — Und
Sie! — —

Charlotte. Ich verstehe diefen leifen Vorwurf;
aber ich bin unfchuldig. Glücklich die Menfchen, die fich gleichen, wenn fie lieben!
Keine Hoheit trennt ihre Zärtlichkeit. Suchen Sie, Bester der Fürsten! in diefen Grün-
den meine Rechtfertigung! Wer find Sie?

Wer bin ich? — Meine Familie hat mir Vor-
schläge gemacht, und ich — ich habe ge-
schwiegen. —

Herzog. Wie leben Sie?

Charlotte. Mit meinen Pflichten vertraut! —

Herzog. Wie beträgt sich Ihr Gemahl?

Charlotte. Er schenkt mir seine Achtung.

Herzog. Ich höre seinen harten und wilden
Charakter tadeln.

Charlotte. Er hat Feinde. —

Herzog. Er beraubt uns eines Kleinods, —
man sieht Sie nie am Hofe. —

Charlotte. Wir leben sehr eingezogen. —

Herzog. Sie wollen sagen: er haßt alle Menschen. —

Charlotte. Euer Durchlaucht sind vielleicht
nur wider ihn eingenommen. Er hat gute
Eigenschaften. — — (abbrechend) Ich wünsch-
te meinen Bruder zu sprechen, und flehe um
diese Gnade. —

Herzog. Gehn Sie, sprechen Sie ihn, sagen
Sie ihm: Er soll sich Glück wünschen, daß

er ein Bruder meiner geliebten Charlotte ift!—
Wenn ich Sie wieder fehe, vielleicht mehr!
— Seine Gnade fteht in Ihren Händen!—
(Er eilt fort; und fpricht im Abgehn mit den
Höflingen.)

Charlotte. (die in Gedanken fteht) Seine
Gnade fteht in meinen Händen. — O Himmel!
welche Prüfungen! — Armer Bruder!

v. Bernau. Madam! Wir werden das Glück
haben, Sie zu Ihrem Bruder zu begleiten.

Charlotte. O meine Herrn! ich befchwöre Sie
um Menfchlichkeit! Wenden Sie die Her-
zogs-Gunft für meinen bedrängten Bruder an! (Sie geht. Bernau und von Schönhof folgen.)

v. Wilberg. Der kleine Engel! — Ha! unfer
ftolzer Kronfels! Das ift fein Löwentritt.
(auch nach)

Siebenter Auftritt.

Von Kronfels. Graf v. Tharn.

Kronfels. Ha! Seh ich recht? — Graf von
Thurn? Sie am Hofe? — (er ftreckt ihm die
Hand entgegen)

Graf. Einen warmen altväterifchen Hand-
fchlag! — Da treff' ich noch einen Biedermann
an! — Willkommen!

Kronfels. Das Herz jauchzt mir im Leibe!
Jetzt wird bald Sommer am Hofe, denn fo.
feltne Vögel verkünden gute Zeit. —

Graf. Freund! Eine Schwalbe macht keinen
Sommer.

Kronfels. Gut gefprochen. Was bringt Sie
her?

Graf. Ein verhafster Prozefs! Ich fteh' in Gefahr, den gröfsten Theil meiner Güter zu
verliehren. Ich berief mich auf den Ausfpruch
des Herzogs, und eilte wider meinen Willen dem Hofe nach. Auf dem Wege begeg-
net mir noch eine Nachricht, die meine Gegenwart unentbehrlich macht: von Arnheim
fitzt, und erwartet das Kriegsrecht.

Kronfels. Fürchten Sie nichts für ihn! — Er
hat eine gute Vorfprecherin. — (heimlich)
Der Bruder der Charlotte von Arnheim darf
nicht zittern. —

Gräf. Was kann fie?

Kronfels. Alles! fie befitzt das Herz des Herzogs. —

Graf. Graf! Kein anderer dürfte mir fo etwas
fagen. —

Kronfels. So fagt der ganze Hof.

Graf. Und der ganze Hof fagt eine Lüge.

Kronfels. Ich war Augenzeuge —

Graf. (fchnell) Sie waren Augenzeuge? Wovon?

Kronfels. Da ihre Brüder das fchöne Fräulein
an den Hof brachten. —

Graf. Sie lebte ftets in der Provinz —

Kronfels. Es war freilich nur ein flüchtiger
Befuch, eine Gelegenheisreife. Genug, der
Herzog fah fie, und liebte fie. — Die Herzogin wufste fie aber aus Eiferfucht eilends
zu entfernen, denn Sie wiffen, das herrfch-
füchtige Weib fürchtet eine Nebenbuhlerin;
fie will ihren Sohn ganz allein beherrfchen.

Graf. (der in Gedanken fteht) Sie fagen mir
da eine Nachricht, die ich nicht wufste. Ich
hörte, Charlotte von Arnheim fey nie aus

dem väterlichen Haufe gekommen; da fand
ich fie auch, und nahm fie zum Weibe —

Kronfels. (der ihn anftaunt) Sie das Fräulein
zur Gemahlin? — Ich falle, wie aus dem Monde! — Eine folche Neuigkeit — meinen Glück-
wunfch, Graf! von ganzem Herzen! Segen
und Liebe!

Graf. Ich bin glücklich in meiner Wahl. Meine Charlotte ift ein edles zärtliches Weib —
Nur da Ihre Nachricht kitzelt mich im Ohre —
Das mufs ich wiffen! — Ich fchreibe heute
noch! — Der Schlüffel des Geheimniffes —

Kronfels. Schreiben? Sie ift ja hier. —

Graf. Jetzt mufs ich lachen! — lieber Kronfels,
wenn Ihre erfte Nachricht fo wahr ift, als
die zweite —

Kronfels. Von Schönhof begegnete mir vor
einer Stunde im Bilderfaale; wir fchwatzten,
und er berührte die Gefchichte Arnheims. Am
Schluffe fagt' er: Ich glaube, dafs die fieg-
gewohnten Augen feiner Schwefter bald den
Prozefs gewinnen werden —

Graf. Wenn Arnheim keine andere Stütze hat, als fie, fo ift er verloren! denn meine Charlotte fitzt ruhig auf meinem Schloffe. Glauben Sie, dafs ich je ein fo unfchuldiges Lämmchen unter die Wölfe fchicken werde? Ich will meine Gattin nicht zu fehr an Ueppigkeit und Zerftreuung am Hofe gewöhnen. Ich leb' in der Stille auf dem Lande. Der Hof fieht mich felten und feltner die Hauptftadt. Meine Welt lebt nicht mehr. O Vaterland! wie bift du entartet! Welche Weichlichkeit hat deine edlen Bürger entnervt!

Kronfels. Ueber Ihren patriotifchen Eifer!

Graf. Sagen Sie: Wuth — Meine Galle kocht auf!

Kronfels. Tröften Sie fich! vielleicht find wir am Vorabend einer Epoche — vielleicht fchrecklichen Epoche! — Sie wird — fie mufs kommen.

Graf. O! ich verwünfche die Tage, die ich hier verlieren mufs; ich, der ich nicht heucheln, nicht kriechen, nicht Thoren verehren, nicht Lafterhafte preifen kann! Ich trete mit einem

Schauer in diefe Wüfte, wo ich vergebens Menfchen fuche. Der Hof ift mit Ungeheuern bevölkert! Ich will fprechen; Niemand verfteht meine Sprache; fie haben andre Herzen, andre Zungen. Was foll ich unter diefen Hofgefpenftern machen?

Kronfels. Mein lieber Graf! Sie fpielen, wie ich, hier eine wunderbare Rolle; aber laffen Sie uns unfern Tadel mäfsigen! Die Höflinge find meiftens fo. Bedenken Sie das Leben diefer Gefchöpfe, ihre Vorurtheile, ihre Begriffe von der Gnade der Prinzen, von Reichthum, von Ehrentiteln, von Ordensbändern! Ihre gröfste Glückfeligkeit ift, fich dem Herzog nähern zu dürfen, feines huldreichen Lächelns zu geniefsen, aus feinem Munde etwas zu hören, im Vorzimmer zu lauren, Empfehlungen zu erhalten. Sehen Sie, das ift der Himmel diefer Elenden! Ihre Kenntniffe fchränken fich auf Ränke, Komplimente, nnd Stadtmährchen ein. Sie fpähen die Neigungen ihres Abgottes, bemächtigen fich feiner Schwachheiten, und werden endlich durch niederträchtige Gefälligkeit unentbehrlich.

Graf. Bei Gott! Ein wahres Gemälde! So find
fie!

Kronfels. Man nähert fich — Wir haben fehr
offenherzig gefprochen, — hier! —

Graf. Ich fürchte die Grofsen nicht, und ver-
achte die Kleinen niemals. Wer fo lebt,
fpricht dreift.

Kronfels. Ich laffe Sie in einer beffern Gefellfchaft! — Hier Graf! fehen Sie, dafs ich
mich nicht geirrt habe. (Er neigt fich gegen die Kommende, und geht.)

Achter Auftritt.

Charlotte v. Thurn. Graf v. Thurn.

Charlotte. (Eilt heraus, fieht ihren Gemahl
und fliegt ihm entgegen.)

Graf. (Indem er fie anftaunt; für fich) Sie
ift's — Was wollen Sie Madam?

Charlotte. Kennft du nicht deine Charlotte?

Graf. Nein! Ich kenne Sie nicht! Mein Weib
liebt Tugend, und die ift am Hofe, des
Landes verwiefen! — Meine Charlotte wohnt
auf meinem Schloffe, und hier wohnen — —

Charlotte. Befter Mann, vergieb, wenn ich
dich durch meine Reife beleidigte. Ich bin
unfchuldig. Ich hab einen Bothen an dich
gefandt; er mufs dich nicht getroffen haben.
Die Gefahr meines **Bruders**, fein theures
Leben —

Graf. (fanfter) War alfo diefs die Urfache?

Charlotte. Ich lebte in deiner Abwefenheit
einfam in meinen Gemächern; meine Schwermuth unterbrach die tödtliche Nachricht von
der Gefahr meines geliebten Bruders. O mein
lieber Graf! konnt' ich weniger für einen
Bruder thun? — für einen folchen Bruder? —

Graf. Die Entfchuldigung mag diefsmal gelten! — Ich vergebe dir diefen Schritt, jedoch
nur bedingnifsweife! — Eil fchnell auf
mein Schlofs zurück! Die verpeftete Hofluft
fchadet dir! — Für deinen Bruder forge nicht,
er hat keinen andern Fehler, als dafs er ein
rechtfchaffener Mann ift. Bei Gott! fonft
keinen! — Wär' er ein Schurke — Aber genug,
du reifeft unverzüglich!

Charlotte. Mit diefer Ungewifsheit? — Ach! lafs mich wenigftens den Troft feiner Begnadigung auf der Reife begleiten!

Graf. Du willft verweilen? (er blickt fie wild an, knirrfcht mit den Zähnen, reifst einen Ring vom Finger, und bricht ihn in zwei Theile) Kennft du diefen Ring?

Charlotte. Es ift mein Trauring. —

Graf. Hör mich Charlotte! Ich befchwör es mit einem Eide! — Fluch dir, wenn du an diefem Hofe erfcheinft, ohne meinen Befehl za haben! — Das Zeichen meines Willens aber fey die Hälfte diefes Ringes! — Weder Briefe noch mündliche Befehle follen gelten. Es giebt Schriftenverfälfcher und Betrüger! Hier ift das bewährte Zeichen! — Jetzt eile, reife glücklich, oder zittre!

Charlotte. Meine Wohnung ift bei dem Fräulein von Willneck. Ich nehm' Abfchied von ihr, und reife.

Graf. So fpricht meine Gattin! (Er umarmt fie) Leb wohl! — So bald mein Prozefs ent-

schieden ist, oder besser zu sagen, so bald
meine Richter ehrlich werden, seh' ich dich.

Charlotte. Lass dir meinen Bruder empfoh-
len seyn!

Graf. Ich will thun, was ich kann. (Er führt
sie zur Thüre, drückt ihr die Hand) Ich will
ihn besuchen; reis glücklich! (er blickt ihr
nach) Nein, diese Blume soll nicht auf diesem Boden gebrochen werden. (Er geht)

Zweiter Aufzug.

Zweiter Auftritt.

Abbé v. Roll (tritt mit Komplimenten ein)
.v. Wilberg.

v. Wilberg. Lassen Sie jetzt alle Komplimente! — Gerade zur Sache! — Wie geht alles?

v. Roll. (spricht alles mit einer süssen Art, und
mit einer gekünstelten frommen Bescheidenheit)
Ich war nicht unglücklich. Der Graf schien von
meiner Denkungsart bezaubert. Er kennt meine Frömmigkeit, meine Gewissenhaftigkeit,
meine —

v. Wilberg. Kürzer, wenn ich bitten darf! — Die Gräfin —

v. Roll. Wird reifen —

v. Wilberg. Verwünfcht!

v. Roll. Wir können fie wieder rufen —

v. Willberg. Aber wie? Der Herzog fchmach-
tet —

v. Roll. Der arme Herr! wir find als feine ge-
treue Diener im Gewiffen verbunden, die
koftbaren Tage Seiner Durchlaucht zu ver-
längern; die irrdifchen Freuden, wenn fie
unfchuldig find —

v. Wilberg. Laffen Sie die Moral! — Ihren
Plan will ich wiffen —

v. Roll. Der ift einfach; fo unfchuldig, wie
mein Herz! — (er lächelt) Sehen Sie, hier
ift ein zerbrochner Ring —

v. Wilberg. Sie find doch kein Zauberer?

v. Roll. O fern fey von mir fündlicher Aber-
glaube! Ich liebe die Religion, und ein zar-
tes Gewiffen —

v. Wilberg. Zum Ring, mein lieber Roll!

v. Roll. Der Graf zerbrach den Trauring, und sagte der Gräfin: Madam! Sie find ein Weib, das leicht fallen kann; reifen Sie alfo! — und da am Hofe Ränke herrfchen, könnte man durch falfche Briefe Sie zurücklocken; Sie kommen alfo nie, wenn Sie nicht die Hälfte diefes Ringes, als ein Zeichen meiner Erlaubnifs, fehen. —

v. Wilberg. Seht, wie fchlau der Edelmann denkt! — Ich bin fehr neugierig zu wiffen, wie Sie den Ring erhafchten. —

v. Roll. Lieber Himmel! auf die unfchuldigfte Art von der Welt! Wir find alle Menfchen! Das ift mein Grundfatz. Ich fand den Lieblingsdiener des Grafen, mit eben der natürlichen Schwachheit behaftet. Der Glanz des edlen Goldes hat den wackern Mann fo geblendet, dafs er mir das ganze Geheimnifs, als feinem Freunde vertraute. Wir können uns diefes Gefchöpfes willkürlich bedienen. Man hat auf meinen Befehl eilends eine andere Hälfte zum Ring verfertigt, und der hellfehende Graf felbft foll nicht den Unterfchied bemerken.

v. **Wilberg.** Welch ein grofses Talent befitzen Sie!

v. **Roll.** Der Himmel verlieh mir es.

v. **Wilberg.** Der Herzog felbft wird Ihre Arbeit belohnen! Sie eilen gerade zum Bifchofsftabe!

v. **Roll.** (mit lächelnder Sittfamkeit) Die Gnade des Fürften ift mein einziger Lohn, mein höchfter Ehrgeiz — dem Himmel und dem Herzog dien' ich als unwürdiger Knecht —

v. **Wilberg.** Jetzt reift mein Entwurf! — Warten Sie — Der Graf mufs reifen! Ohne Gnade reifen! — Die Gräfin wird zurück berufen — O Bravo!

v. **Roll.** Sie eilt zurück, fobald fie das Zeichen fieht. —

v. **Wilberg.** Es geht vortreflich! — Ich eile zum Herzog! — Ihr Glück, Roll! ift gemacht! — Gehn Sie jetzt zu Kronfels, forfchen Sie ihn aus — Sie find ein Meifter! — Gut, dafs

Sie diefen Rock tragen — Sie geben einft einen
ächten Gewiffensrath! (v. Roll lächelt , und
geht ab)

Dritter Aufzug.

Erfter Auftritt.

v. Kronfels- Graf v. Thurn.

Graf. Mein Weib ift wirklich abgereift, und
mein Kopf ift endlich in Sicherheit! — Wie
gehn Ihre Gefchäfte?

Kronfels. Schlechter als jemals! Meine Feinde
fiegen; fie untergraben meine Anfchläge. O,
wie haffe ich die feilen Höflinge! diefen ge-
fchmeidigen, fanft fchmeichelnden Wilberg,
diefen pralerifchen Schönhof, diefen phleg-
matifchen Bernau, und diefen Heuchler Roll,
der die Tugend auf der Lippe, und das Lafter
im Herzen hat. —

Graf. Eine herrliche Gefellfchaft für einen Re-
genten! Und wie fich diefe Teufel in Engel
des Lichts zu verftellen wiffen! Sie haben Zu-
cker auf der Zunge und fagen gerade das Gegentheil von dem, was fie thun.

Kronfels. Ich will verfuchen, den Herzog aus
dem Schlummer zu wecken. Er ift jung, noch
biegfam; Er foll Wahrheit lernen! das Wohl
des Vaterlandes heifcht es; er foll die Uebel
des Staats erkennen. Ich will dem Trofs der
Schmeichler ein edles Herz entgegen fetzen.

Graf. Eilen Sie! Der Auffchub macht oft die
fchönften Plane zu nichts. Die mindefte Verzögerung —

Kronfels. Gehen wir langfam und bedächtig! —

Graf. Ihre Feinde haben die Vorhand im Spiele!

Kronfels. Aber ich habe die gerechte Sache!

Graf. Defto fchlimmer! Nur der Erfolg ent-
fcheidet.

Kronfels. Ich will Gründe fammeln, die nicht
zu widerlegen find.

Graf. Zu viel Salz, zu viel Würze fchadet oft
den Speifen. — Freund! Sie beginnen ein fchwe-
res Werk; Sie kämpfen wider ein vielköpfiges
Ungeheuer! —

Kronfels. Ich habe fchon zu viel Streiche er-
duldet; meine Feinde vergiften alles; meine

beften Handlungen werden falfch ausgedeutet.
Man nimmt mir meine Güter, und man fucht
felbft meine Geliebte mir zu rauben.

Graf. Dem Himmel fey Dank! Ich habe mein
Weib den Klauen diefer Geyer entriffen.—

Kronfels. Jauchzen Sie nicht zu früh; fchlum-
mern Sie nicht zu ficher ein; entfernen Sie
fich nicht!

Graf. Was wollen Sie fagen?

Kronfels. Dafs fie mit offnen Augen alles bemerken follen! — Mir ift alles verdächtig.
Man hat Anfchläge wider Sie! Die Höflinge—

Graf. Wider mich? O! ich will ihnen den Mann
bald aus den Augen rücken! Charlotte ift fort;
der Stein lag mir fchwer am Herzen.

Kronfels. Bewahren Sie Ihre Gattin wohl
Ich höre die Höflinge flüftern; man lächelt
hämifch. —

Graf. Sie erregen wirklich meinen Argwohn;
ich will meine Abreife noch ein wenig ver-
zögern.

Kronfels. Diefs ift der Rath eines Freundes.
(fafst feine Hand) Treten Sie meinen Planen

bei; unterſtützen Sie meine Anſchläge; nützen
Sie der guten Sache!—Ich eile, meine Freunde
zu ſprechen. Wir ſehn uns! (er geht)

Graf. Wenn mein Weib doch käme — Wenn
ſie meinen Brief — Nein ! — Sie kennt mich
zu gut. — Meine Befehle waren ſtreng. Ich
bin meines Sieges gewiſs!— (lacht bitter) Die
Hoffchranzen wollen mich prellen ! —

Zweiter Auftritt.

v. Wilberg. Graf v. Thurn. Hernach
der Herzog.

v. Wilberg. Worüber lachen Sie bei ſich ſelb-
ſten , mein lieber Graf?

Graf. Ueber Sie und Ihre Freunde!

v. Wilberg. O! die Wette iſt noch nicht gewonnen! Die Gräfin kömmt gewiſs ! —

Graf. Kömmt ſie? (lächelt) Die Zeit wird alles lehren —

v. Wilberg. Der kleine Spaſs unterhält den
Herzog. Eben recht ! Seine Durchlaucht haben für Sie viele Gnade —

Graf. Für mich? Wie komm' ich zu diefer Ehre? Das Triumvirat fteht doch noch auf gefunden Beinen?

v. Wilberg. Wenn Sie nur nicht immer fo ge-
häffig wären! Sie mifskennen Ihre wahren
Freunde. Wenn Sie wüfsten, wie fehr ich
mir Ihren Prozefs angelegen feyn laffe —

Graf. Sie? O! meinen fchönften Dank! Entweder ich habe Recht, oder Unrecht — Hab ich
Recht; fo bedarf ich keiner Fürfprache; hab
ich aber Unrecht; fo bin ich zu ehrlich, als
dafs ich auf Unkoften meines Nächften mich
bereichern follte. —

v. Wilberg. Schön gedacht! Aber für unfre
Welt — Wenn Sie doch nur unfern Vortheil
erkennten! Sie fitzen im Glück; laffen Sie
Fünfe gerade feyn!

Graf. Und werden Sie ein Schurke! — Gehor-
famer Diener! —

v. Wilberg. Brechen wir ab! — Nur noch zwei
Worte von Ihrem Rechtshandel! Der Bote
ift mit dem Befehl des Herzogs nach der Haupt-

ſtadt abgegangen. Ich dächte, daſs dort Ihre Gegenwart die Sache in wenig Stunden zu Ende bringen könnte; und Sie zögern. Hören Sie den Rath wahrer Freunde!

Graf. Ich habe heut entſetzliche Kopfſchmerzen; mein Gehirn muſs etwas brüten, es ſey was es wolle. Aber Morgen, mit Anbruch des Tages will ich reiſen.

v. Wilberg. Sprechen Sie mit dem Kanzler! Er ſelbſt wird Sie belehren, denn Sie ſetzen in mich ein Miſstrauen. — Die Zeit wird es aufklären, und Sie werden einſehen, wie gut ich für Sie denke! — Er iſt eben bei der Herzogin; ſprechen Sie ihn eilends!

Graf. Dank! wenn Sie wirklich Dank verdienen! Ich will mit dem Kanzler reden! (Er geht)

v. Wilberg. Er geht uns nicht von der Stelle! O! der überläſtige Ehemann! Er klebt, wie Pech, iſt ſcharfſichtig, wie ein Adler, und doch ſoll er getäuſcht werden!

Herzog. (kömmt) Wie gehn deine Anſchläge, beſter Wilberg? Kömmt mein Leitſtern zurück?

v. Wilberg. Der Stern geht gewifs auf; aber
eine Wolke verfinftert ihn. Der Graf, der
fchreckbare Graf —

Herzog. Sollte denn der Mann nicht durch
Güte zu gewinnen feyn?

v. Wilberg. Ein Verfuch könnte freilich nicht
fchaden. So viel ift gewifs, dafs die Gewalt
ihn nur empört. Lift und Gnade möchten vielleicht — Er gieng fo eben von hier hinweg. —

Herzog. Lafs ihn zurückrufen! (Ein Page
wird abgefchickt) Ha! Wenn er feine Gattin hier wieder erblickte! —

v. Wilberg. Eben diefen Auftritt fürcht' ich.
Er will nicht reifen, und ift wie ein hundert-
äugiger Argus.

Herzog. Ich will ihn zum Vertrauten machen.
Er kömmt! — (Graf Thurn kömmt zurück)
O mein lieber Thurn! Es ift ein Jahrhundert,
dafs ich Sie nicht gefehen habe. Womit hab
ich doch diefe Unfreundlichkeit von Ihnen verdient? Sie wiffen, wie fehr ich folche Bieder-
männer fchätze, wie nöthig mir in diefen krie-

gerifchen Zeitläuften die Rathfchläge folcher
erfahrnen Patrioten find , und Sie verwaifen
meinen Hof, verftecken fich in einen Winkel
einer Provinz! Mein Freund ! das ift nicht grofs,
nicht fchön gebandelt ! — Sie vergeben mir
diefen freundfchaftlichen Verweifs ! Doch ich
mufs Sie zugleich l o b e n , denn ich höre eben
von Wilberg , dafs Sie zum Vergnügen des
ganzen Hofes Ihre Gefinnungen ändern; —
Sie haben Ihre werthe Gemahlin wieder zurück berufen. —

G r a f. Euer Durchläucht —

H e r z o g. Sie haben mir und meiner Mutter einen grofsen Dienft dadurch geleiftet. Die Herzogin ift fo verliebt in Ihre Gattin —

G r a f. Die Herzogin ? — Das ich nicht geträumt
hätte. —

H e r z o g. Sie lag mir dringend an , Sie zu bitten , ihren neuen Hofftaat durch eine fo vor-
treffliche Dame zu verherrlichen. Sie wiffen
doch, dafs ich meiner Mutter einen eignen Hofftaat errichtete ? —

Graf. Ich hörte von dieser Neuigkeit. —

Herzog. Dieser Diamant soll meinen Hof
  schmücken! — Ich bitte Sie noch einmal,
  beschleunigen Sie die Zurückkunft der würdigen Gräfin! die Herzogin sehnt sich —

Graf. Meine Briefe waren entscheidend. Wilberg selbst hat sie gelesen. —

v. Wilberg. Sie kömmt gewiss —

Graf. Doch zweifle ich — —

Herzog. Wie? Sie zweifeln?

Graf. Sie ist so sehr an das stille Landleben gewöhnt, dass ich an ihrer Zurückkunft wirk-
  lick zweifeln muss. Die Gewohnheit ist
  eine zweite Natur. Es thut mir leid, denn
  ich lege gern Euer Durchläucht mein ganzes
  Haus zu Füssen —

Herzog. Sehr gefällig, mein lieber Graf! So
  hör ich Sie gern reden; Sie sollen mein ver-
  trauter Rathgeber werden. Sie sollen mein
  Mentor, und ich will Ihr Thelemach seyn.
  Reden Sie allzeit von freiem Herzen! — Was
  denken Sie von mir?

Graf. Daſs Sie ein groſser Fürſt — ſeyn können —

Herzog. Wie ſchlau Sie mich tadeln! — Seyn können — Hörſt du Wilberg! So muſs man ſprechen; lern!

v. Wilberg. O! der Graf iſt ungemein geiſtreich!

Herzog. Und ſolche Talente wollen Sie in der Provinz vergraben? Das wäre Mord! Wie glauben Sie alſo, daſs ich ein guter Regent werden kann?

Graf. Mein Fürſt befiehlt es; ich rede. Der Monarch iſt das Bild Gottes. Dieſem erhabenſten Vorbilde muſs er nachahmen. Alle ſeine Handlungen müſſen eines Fürſten würdig ſeyn. Geben Sie Ihren Thaten Gröſse! Erhabenheit Ihren Gedanken! lieben Sie jene Tugenden, die die Majeſtät ſchmücken, und nehmen Sie nicht Zuflucht zu falſchem Gepränge, welches die Eidelkeit, und das Gefühl der Kleinheit erfindet! Stolz und Pralerei ſind keine Zierden des Thrones!

Herzog. Mein werther Graf! wenn mein ärg-
    ster Feind so gesprochen hätte; so wär' er
    mein Freund geworden! Schliesen Sie, was
    ich von Ihnen denke! Sie haben in diesem
    Augenblicke mehr gethan, als Sie wissen.
    Ich schätze Sie von ganzem Herzen hoch.
    Bleiben Sie mein Freund, ich will versuchen,
    das auszuführen, was Sie riethen! — Wil-
    berg! hast du gehört? — (zu Thurn) Ein
    andermal mehr! — — Graf! wir sehn uns oft!
    (er geht)

v. Wilberg. Nun? hab ich Lügen gesagt?

Graf. Bei meiner Ehre! Noch so eine Unter-
    redung könnte mich glauben machen, dass
    ich mich irrte —

v. Wilberg. Sie stehen am Gipfel des Glückes!
    — Ihr Prozess wird gut entschieden. — Kommt,
    meine Freunde!

Dritter Auftritt.
v. Schönhof. v. Bernau. v. Roll.
Vorige.

v. Schönhof. Der Herzog ist von Ihnen ent-

(Alles rasch auf einander.)

v. Roll. Er spricht von Ihrer hohen Tugend —

v. Bernau. Darf ich um Ihre Freundschaft bit‑
ten?

v. Wilberg. Solche Männer bittet man um
Schutz, und nicht um Freundschaft!

Graf. (für sich) Nun! Ich bin in guten Händen. —

v. Schönhof. Grofsmüthig läfst nns der Graf
die Wette gewinnen —

v. Bernau. Die Gräfin mufs kommen!

v. Wilberg. Sie kömmt gewifs.

Graf. (lächelt) Gewifs? (für sich) Mich fangt
ihr eben!

v. Schönhof. Es wär' eine Graufamkeit, die
Zierde der ganzen Nazion den Augen des Hofes
zu entziehen.

v. Wilberg. Welch ein edles Paar! recht vom
Himmel zufammengefucht!

v. Roll. Wie konnte diefe Sonne fo lange ver‑
dunkelt bleiben?

v. Bernau. Es war ein kleiner Fehler der Be‑
fcheidenheit; der Graf will fich nicht dem
Hofe aufdringen; Er will gefucht fein!

v. Roll. Wie edle Steine aus dem Eingeweide der Berge gehohlt werden müfsen. —

v. Wilberg. Ihr wifst, meine Freunde! wie oft wir von dem würdigen Grafen gefprochen haben! Sind meine Weiffagungen nicht pünktlich eingetroffen?

Alle. Wörtlich eingetroffen!

v. Wilberg. Die Zurückkunft der Gräfin foll ein feierliches Feft werden!

Graf. Sey'n Sie nicht zu voreilich mit den Zubereitungen! Sie möchten Ihr Geld umfonft verfchwenden!

v. Schönhof. Die Gräfin kömmt doch!

Graf. Ich zweifle fehr —

v. Bernau. Der Bote fagte, fie fey auf der
 Stelle zurückgekehrt —

Graf. Wir wollen fehen!—

v. Wilberg. Sie follte fchon hier feyn —

Graf. (unruhig, für fich) Das wär denn doch verwünfcht!

v. Bernau. Sie werden unruhig — O wir gewinnen!

Alle. (klatfchen) Wir haben gewonnen!

Vierter Auftritt.

Charlotte. Vorige.

(Die Höflinge eilen ihr freudig und ehrerbiethig entgegen; der Graf steht versteinert, und von den Hofleuten Anfangs verdeckt.)

(Fast zugleich)

v. Wilberg. Die Sonne geht wieder auf!

v. Bernau. Ich bin entzückt!

v. Schönhof. Welche Freude! Sie wieder zu sehen —

v. Roll. Der Himmel segne diesen Tag!

Charlotte. O! meine Freunde! Ich bin schnell zurückgeeilt ; vermuthlich drohen meinem Bruder neue Gefahren.

v. Wilberg. Wir erwarten alle Augenblicke seine Begnadigung. —

Charlotte. (indem sie ihren Gemahl erblickt, eilt zu ihm) O Graf! Dank! Sie riefen mich zurück , um meinen Bruder zu umarmen —

Graf. (indem er sie bei der Hand fasst , und vorführt) Madam! Was ist zwischen uns verabredet?

Charlotte. Dieser Ernst — Graf —

Graf. Antworten Sie auf meine Frage! — Ich
sagte Ihnen: kehren Sie nach Haus, und
kommen Sie nicht wieder, es sey denn mein
ausdrücklicher Befehl —

Charlotte. Den ich auch erhielt, — und ich
komme —

Graf. Weder Worte, noch Briefe —

Charlotte. Gut, mein liebster Gemahl! —
. Aber ein Zeichen —

Graf. Wo ist es? Wo?

Charlotte. Hier! (Sie giebt ihm die Hälfte
des Ringes. Die Höflinge haben indefs ein be-
deutendes Gebärdenspiel in der Ferne. Der
Graf nimmt eine goldne Büchse aus dem
Sack, sucht seinen Ring, prüft ihn genau,
stampft mit den Füfsen)

Graf. Ich bin schändlich verrathen — verkauft!
Es ist ein schwarzes Einverständnifs —

Charlotte. Aber mein Bester —

Graf. Zurück! (Er stöfst sie von sich, und eilt
wüthend fort. Die Höflinge springen auf die
Seite, und stellen sich erstaunt.)

Charlotte. Welche Räthfel!— Was foll das alles? — Meine Herren! klären Sie mich auf!—

v. Wißberg. Es ift ein kleiner Spafs, eine Wette — Wir wollen ihn gleich wieder befänftigen. Kommt, Frennde!— Sey'n Sie ruhig, meine liebe Gräfin! (Er giebt ihnen Zeichen; fie gehn)

Charlotte. Ruhig? — O ich bin es! Recht fehr ruhig!—Charlotte, wo bift du?—Der Ort, die Bewohner, dein Herz, alles mufs dich erfchrecken! (Sie geht auf und ab, und erblickt das Bild des Herzogs; fie ftarrt es an, bebt zurück, blickt nochmals hin) Ach! — Wie liebenswürdig bift du!—Charlotte, wo blickft du hin? — Fort! — Du bift ein vermähltes Weib!— Weg deine Augen!— Und du, der du fo fchwach bei einem Gemälde bift, wagft dich hierher? Wie wirft du dem lebenden Gegenftande begegnen können!— Wie wirft du den Anblick des Herzogs ertragen! wie feine fanften Schmeicheleien, feine Zärtlichkeiten hören, und unbefiegt wi-

derſtehen? — Flieh! — Flieh eilends! — Deine
Zurückkunft iſt ſträflich! — Sträflich? —
Hab ich nicht dem Befehl meines Gemahls
gehorcht? — Aber fühlteſt du nicht eine heimliche F r e u d e ? Hatte dein Herz nicht leiſe
Wünſche? — Ich erſchrecke — mit Erſtaunen
erkenn ich mich ſelbſt! — Wie ſchwach bin
ich! — O, täuſchen mich meine Augen? —
(heftig aufſchreiend) Mein B r u d e r ! (ſie
eilt dem Kommenden in die Arme)

Thalia.

Szenen aus der
Schachmafchine.

Luſtfpiel frei nach dem Engl. in 4 Aufzügen,
von Beck. Mfpt.

Hier vorkommende Perſonen.

Baron Rink.

Baronin, feine Gemahlin.

Julie von Wangen, feine Nichte.

Sophie von Haftfeld, feine Mündel.

Herr v. Ruf, der Aeltere.

Herr v. Ruf, der Jüngere, fein Neffe.

Graf Balken.

Flucht, deffen Kammerdiener.

Bediente.

Zwei Träger,

Erster Aufzug.

Neunte Szene.

Julie. Sophie. Ein Bedienter.

Bedienter. Der Bräutigam aus der Fremde
will die Ehre haben, aufzuwarten.

Julie. Wer?

Bed. Weiter weifs ich nichts. Wegen dem
Verboth, wollten wir ihn nicht einlaffen; er
beftand aber darauf, er wäre der Bräutigam
aus der Fremde und müfste Sie fprechen.

Julie. Sophie!

Sophie. Das ift der junge Ruf — (zum Bedien-
ten) wie fieht er aus?

Bed. Närrifch genug; halb geputzt und halb
reifemäfsig.

Sophie. Richtig, er ifts.

Bed. Was foll ich ihm fagen?

Sophie. Er würde uns fehr angenehm feyn.

Bed. (ab)

Zehnte Szene.

Sophie. Julie. Hernach Karl Ruf. (in
einem Mantel)

Julie. Sophie! ums Himmels willen!

Sophie. Was willst du?

Julie. Ihn sprechen! jezt?

Sophie. Ach ja; ich bin gar zu neugierig,
ihn kennen zu lernen.

Karl. Ihr Unterthänigster, meine Gnädigen!

Julie. Ich freue mich, die Ehre —

Sophie. (schnell einsetzend) Und das Vergnügen zu haben, den Herrn Baron von Ruf—

Karl. Sie haben mich nicht erwartet.

Sophie. Wir haben schon längst Ihrer An-
kunft —

Karl. Mit Schmerzen entgegen gesehen.

Julie. Ich bitte —

Karl. Verstellen Sie sich nicht, ich merks doch.

Julie. Sie irren —

Karl. Gar nicht, man siehts deutlich.

Sophie. Ei, wie scharffichtig!

Karl. (zu Sophien) Sie haben schon mehr Con-
tenance; und daraus schliefe ich, dafs dieses
meine beſtimmte Braut iſt. — Sehen Sie — die
Freude blitzt ihr aus den Augen; und die
Zunge verſagt den Dienſt. Das freut mich!
denn daraus ſehe ich, dafs ich Ihnen ganz
aufserordentlich gefalle.

Sophie. Wärs nicht möglich, dafs Sie ſich
irrten?

Karl. Gar nicht möglich. Ich bin ein Kenner
Stören Sie ſich nicht an meinen Anzug! Ich
konnte mir das Vergnügen nicht verſagen,
meine ſchöne Braut kennen zu lernen.

Julie. Sie ſind ſehr gütig.

Karl. Ja, meinen Sie? nun, diesmal wärs nur
Façon de parler; aber ich wette, ehe 5 Minuten vergehen, ſagen Sies im Ernſte, dafs
ich ſehr gütig bin.

Julie. Wollen Sie ſich nicht ſetzen?

Karl. Ich danke, ich bin kein Liebhaber vom
Sitzen. Kurz zu ſagen: ich bin hieher beru-
fen, um die Ehre, das Vergnügen und die
Glückſeligkeit zu haben — Sie zu heirathen.

O

Julie. (verbeugt fich mit Verlegenheit)

Karl. Was Ihnen das für Freude macht! —
Da wünfchte ich doch jedem Bräutigam, der
extra Poft zu feiner fchönen Braut reifet, einen fo inbrünftig willkommenen Empfang.

Sophie. Mifsdeuten Sie nicht die Verlegenheit
des Frauenzimmers, bei einer fo höchft origi-
nellen Anrede.

Karl. Ich mifsdeute gar nichts — Und — weil
eine Zärtlichkeit die andere werth ift, fo
bring ich denn, meiner Schuldigkeit gemäfs,
mein erftes Hochzeitgefchenk! (zieht eine
Strikleiter unter dem Mantel hervor)

Julie. (ganz verplüfft) Was ift das?

Sophie. So wahr ich lebe, eine Strickleiter!

Karl. Das ift das koftbarfte Gefchenk, das man
Ihnen jetzt machen kann; und zugleich das
feltenfte — was ein Bräutigam feiner Braut
bringen könnte.

Julie. Was foll ich damit?

Karl. Die hängt man ins Fenfter — wenn die
Treppen zerbrochen oder verboten find —

darauf fteigt fichs ganz allerliefst heraus und
herein, nach Belieben. Sie ift feft und gut;
ich hab fie oft genug probirt.

Sophie. (klatfcht in die Hände) Ha, ich errathe!

Julie. Erklären Sie fich deutlicher, wenn ich
bitten darf —

Karl. Wenn ich mufs? Sehen Sie: es giebt einen gewifsen kreuzbraven Kerl, genannt E-
duard von Wendheim, der Sie um fein Leben gern eine halbe Stunde allein fpräche.
Weil aber Riefen, Zwerge und Drachen dies
verwüufchte Schlofs umlagern; fo habe ich
hier das einzige Mittel gewählt, ihn unbe-
merkt bei fich zu fehen.

Julie. In der That, Herr von Ruf —

Karl. Den einzigen Gefallen! alle Verftellung
bei Seite! Sie fehen, dafs ich das Terrein
wohl ausgekundfchaft habe.

Sophie. Das haben Sie in der That; und die
Gefchichte ift fo allerliebft als originell!

Karl. Sie find eine Liebhaberin von Originalen?
freut mich! Wen habe ich die Ehre? —

Julie. Meine Freundin, Sophie von Haftfeld.

Karl. Die kleine Sophie? mit dem Stumpf-
näfchen? die immer mit uns, Soldatens fpielte?

Sophie. Richtig! ich hatte die Ehre, unter
Ihrer Fahne zu dienen.

Karl. Sie haben fich recht hübfch ausgebildet.

Julie. Von innen und aufsen. Sie finden in
ihr: eine angenehme Virtuofin, trefliche Ma-
lerin.

Sophie. Und ausgepfiffene Schriftftellerin.

Karl. Im Ernft?

Sophie. O, im allerbitterften Ernft!
Eine von Rezenfenten ganz erbärmlich her-
untergezogene Romanfchreiberin.

Karl. Alfo ein öffentlicher Karakter? Braviffimo!
Wir paffen zufammen. Sehen Sie, die Art
wie fich gewöhnliche Frauenzimmer be-
merkbar zu machen fuchen als: im Conzerte,
und Schaufpiele mit viel Geräufch eintreten,
wenn fchon ein Drittheil vorbei ift, laut
fchwatzen und dergleichen; das ift nichts.
dabei ift felten Profit, denn, aus Unmuth

wegen der Stöhrung, ruft der gröfste Theil!
„ Ach Gott! d i e hätte früher kommen oder
wegbleiben können. " Aber — etwas fchreiben — komponiren — und fich tadeln laffen —
das ift der Mühe werth! wenns auch die gröfsten Dummköpfe tadeln, man wird doch genannt.

Sophie. (lacht)

Karl. Um aber wieder auf die Hauptfache zu
kommen. Diefe Strickleiter hängen fie heute
Abend um 9 Uhr in Ihr Fenfter.. Ich bringe
meinen Freund in den Garten — er fteigt her-
auf — und ich fteh Schildwache.

Julie. In der That, die Güte und —

Karl. Nicht wahr, jetzt ift es Ihr Ernft, dafs
ich fehr gütig bin? — Man merkt gleich am
Tone, wenn er von Herzen kommt. Stu-
dieren Sie weiter auf gar keine Höflichkeiten,
fie find bei mir nicht angewandt.

Sophie. So kurz als möglich. Ihr Gefchenk,
Herr von Ruf, ift uns angenehm! und wir
werden Gebrauch machen.

K a r l. Für diesmal ift die Reihe an Ihrer Freundin; ein andermal fteht fie Ihnen auch zu
Befehl.

S o p h i e. (lachend) O, ich danke!

K a r l. O — werfen Sie's nicht zu weit weg! —
Wer weifs — Wie wärs, wenn ich der erfte —
heute zwar nicht, heute fteh' ich S c h i l d-
w a c h e; aber ein andermal!

S o p h i e. (mit Laune) Kommen Sie lieber auf
g e r a d e n Wegen!

K a r l. Die geh ich mein Lebtage nicht. So
krumm als möglich! was zu klettern, Zwift,
Spektakel — fonft verliers für mich den Reiz.

S o p h i e. Ei Sie find ein recht f o n d e r b a r e r
junger Herr, wiffen Sie das?

K a r l. Ob ich das weifs? das ift ja eben mein
Dichten und Trachten.

J u l i e. Waren Sie fchon bei meinem Onkel?

K a r l. Warum nicht gar — Ich fange allezeit mit
dem A n g e n e h m e n an.

J u l i e. Er mufs nicht wiffen, dafs Sie da find;
fonft wär' er fchon hier.

Karl. Blitz, da muſs ich laufen was ich kann.

Sophie. Warum eilen Sie ſo?

Karl. Er darf mich noch nicht ſehen.

Julie. Warum nicht?

Karl. Ei, wenn er mich nun nach unſerer Heirath fragt; ſoll ich ſagen: „da wird nichts
daraus?“ das wär' zu unhöflich! und —
„ja“ kann ich doch bei (auf die Strickleiter zeigend) ſo bewandten Umſtänden, auch
nicht ſagen. Am beſten, ich mach mich aus
dem Staube. (will ab)

Sophie. Ein wenig könnten Sie wohl noch
verziehen.

Karl. Nein, ich habe noch ſehr wichtige Ge-
ſchäfte! jetzt muſs ich mich in einen Philoſophen verwandeln.

Sophie. Philoſophen? wem zu Ehren wollen
Sie Ihrem Humor dieſe Qual zufügen?

Karl. Meinem Onkel.

Sophie. Warum nicht gar? Ich wette, daſs
Sie gerade dem ſo ein milionmal lieber
ſind.

Karl. Ich wette auch. Aber juſt darum will ich mich verwandeln.

Sophie. Ei ſchön! (ſieht ihm mit Drolligkeit in die Augen) Sagen Sie mir doch — was ſind Sie denn eigentlich?

. Karl. Ein wandelndes Rondo — mit prächtigen Variationen — abwechſelnd nach jedem In-ſtrument, auf welchem i c h ſpiele; aber im-mer ein recht grundehrliches Thema. (mit kurzer Verbeugung ab) (Die andere folgen.)

Vierter Aufzug.

(Hinterhaus am Pallaſt des Grafen auf einer Sei-te; der übrige Theil der Bühne iſt Strafse.)

Erſte Szene.

Flucht. Zwei Träger mit einem Kaſten. (Der Kaſten iſt ſo, dafs allenfalls ein Mann darinn ſitzen kann, wie in einem Tragſeſſel, auch wird er ſo getragen. Die Thüre iſt eben ſo wie bei einem Tragſeſſel, wird auch von in-nen geöffnet.)

Flucht. (zu den Trägern) Wartet nur ein bis-chen, ich will nur meinen Herrn rufen.

ıter Träger. Du, ein kleiner Thaler ift zu wenig. Es fteckt doch Kalfakterei dahinter.

2ter Träger. Ich glaub der Kerl betrügt uns. Der Graf giebt ficher mehr.

ıter Träger. Glaubs nicht. Er foll ein Knaufer feyn.

2ter Träger. Wir fordern ihm noch ein Trinkgeld.

ıter Träger. Wenn er's uns giebt.

Zweite Szene.

Karl Ruf. Vorige.

ıter Träger. Da kömmt er ja.

Karl. Aha! feyd ihr da, ihr Pagen?

ıter Träger. Ja Ihr Exzellenz. Ifts gefällig?

Karl. Natürlich.

ıter Träger. (öffnet die Thüre.)

Karl. (im Hineintreten) Ihr wifst doch genau wohin?

2ter Träger. Ja ja, forgen Sie nur nicht!

Karl. Und was ihr fagt?

ıter Träger. Es wäre die bewufste Schachmafchine.

Karl. (fetzt fich und fchliefst von innen zu)
Gut.

1ter Träger. Du! ift das auch der rechte? Mir
deucht, der Graf ift kleiner.

2ter Träger. Ich mein's auch, er ifts nicht.

Karl. Nun, macht fort!

1ter Träger. (in den Kaften hinein) Mit Ver-
laub, es geht nicht recht zu.

Karl. Was habt ihr?

1ter Träger. Ach — wir haben einen Skrupel —
Sie find nicht der rechte.

Karl. (immer noch ohne zu öffnen) Ich bin der
rechte, macht fort!

2ter Träger. Ne, ne! Sie find der Unrechte;
fteigen Sie nur wieder aus!

Karl. Den Teufel will ich das; macht fort, ihr
Schlingel!

1ter Träger. Nicht gefchändt! er ift der Unrechte; und fteig er nur in gutem wieder heraus, oder wir brauchen Gewalt.

Karl. (fpringt fchnell heraus) Eure Gewalt
will ich euch gleich vertreiben! Den Augen-

blick tragt mich an Ort und Stelle, oder euch
foll — (zieht ein Terzerol)

ıter **Träger.** Ach! was follen die Dinger?
Wenn wir nun fagen ja, und tragen ihn
ins Waffer!

Karl. (im Schäkerton) Da habt ihr wieder
recht. Diesmal feyd ihr gefcheiter, als ich.
Kommt her, gefcheite Kerls! damit ihr fehet,
dafs ich wenigftens für euch der Rechte bin—
Was bekommt ihr für den Gang?

ater **Träger.** Einen kleinen Thaler der Mann.

Karl. Ein Hundegeld! Hier habt ihr, jeder einen Dukaten; wollt ihr mich tragen?

ıter **Träger.** In Gottesnamen.

Karl. Schön! Ein gut Wort, findet eine gute
Statt. (er geht hinein und fchliefst zu; die
Träger tragen ihn hurtig ab)

Dritte Szene.

Graf. Flucht.

Graf. (indem er heraus tritt, zu Flucht, der
ihm folgt) Wo find fie?

Flucht. (hinter ihm) Da.

Graf. (sieht sich um) Wo denn?

Flucht. Hier verliefs ich sie; sie müssen —
(geht umher und sucht)

Graf. (steht wie begossen da)

Flucht. (kömmt wieder vor)

Graf. (stier und dringend) Hat er sie gefunden?

Flucht. Nein, Ihro Exzellenz.

Graf. (noch dringender) Wo ist denn der
Kasten?

Flucht. Den seh ich auch nicht.

Graf. (eben so) Aber was bedeutet denn das?

Flucht. Den Kerls mufs die Zeit lang geworden
seyn, während Euer Exzellenz das Spitzen-
hemd anlegten.

Graf. Es ist ihre Schuldigkeit zu warten.

Flucht. Ja wohl; aber nun haben sie's nicht
gethan.

Graf. Ja! — Das ist aber impertinent.

Flucht. Freilich, Euer Exzellenz!

Graf. Was mache ich aber nun?

Flucht. Legen Euer Exz: sich zu Bette! Morgen um die Zeit haben Sie einen andern.

Graf. (steht eine Weile in Gedanken — Nach
einer guten Pause) Monsieur Flucht! — Da
liefs' sich eigentlich fe h r v i e l e s sagen! —
Ich will aber für diesmal nichts daraus machen! Aber darauf besteh' ich f c h l e c h t e r-
di n g s, dafs der neue Kasten von Mahony
ist. (beide gehen ab)

Fünfte Szene.

(Zimmer der Baronin.)

Die B a r o n i n und J u l i e.   B e d i e n t e r.

Bediente r. Es find ein Paar Kerl draufsen,
die tragen einen grofsen Kasten; fie fagen,
fie wären damit hieher bestellt.

Baroni n. Schon recht, fie follen ihn hieher
bringen. (Bedienter ab)

Baroni n. Es ist die Schachmafchine; ich will
meinem Gemahl eine heimliche Freude damit
machen.

Julie. (fixirt fie bedeutend) Wirklich! Er wird
aufser fich für Freude feyn.

P

Sechste Szene.

Vorige. Die Träger mit dem Kasten. Karl versteckt. Hernach Herr von Ruf (von innen.)

1ter Träger. Da bringen wir einen Kasten; wir sollen nur sagen, es wäre die bewußte Schachmaschine; Wir sind doch recht?

Baronin. Ja ja, setzt nur hieher! (deutet neben Juliens Schlafzimmer)

Die Träger. (setzen ihn ab)

Baronin. Hier habt ihr noch etwas für eure Mühe! (giebt ihnen ein Stück Geld)

1ter Träger. Danken schönstens! (die Träger gehen ab)

Baronin. Julie, es wird spät, geh' auf dein Zimmer!

Julie. Ich wünsche Ihnen eine sehr ruhige Nacht, gnädige Tante! (geht ab)

Baronin. (verriegelt Juliens Zimmer von aussen) Diese Vorsicht kann nicht schaden. (geht an den Kasten und klopft) Sind Sie darinn?

Karl. (inwendig) Ja!

Baronin. Wollen Sie nicht Luft schöpfen?

Karl. (fpringt fchnell heraus) Gar zu gern!

Baronin. (fchreiend) Ach!— Wer find Sie?

Karl. Ein berühmter Schachfpieler.

Baronin. Wie kommen Sie hieher?

Karl. An Graf Balkens Stelle.

Baronin. Alfo kennen Sie den Grafen?

Karl. Wahrhaftig! wir find die beften Freunde; wie käme ich fonft hieher?

Baronin. Ihre unerwartete Erfcheinung bringt
mich ganz aus der Faffung.

Karl. Das freut mich!

Baronin. Ich mufs wiffen, wer Sie find!

Karl. Mein Name ift ,, Allüberall '' mein Ge-
fchäft, dem Frauenzimmer, fo viel möglich,
Spafs zu machen, und den Männern den
Spafs zu verderben.

Baronin. Ein fonderbarer Karakter.

Karl. Ja, das Sonderbare ift eben meine Sache.

Baronin. Aber, es ift doch unfchicklich —
fo fpät —

Karl. Mit dem Schicklichen halt' ich mich
nicht auf — der Zufall war mir günftig; er

führt mich fchnurgerade zu einem fchönen Frauenzimmer.

Baronin. Ei wie verbindlich!

Karl. Und wahr! Ift das Geficht etwa nicht fchön? und doppelt fchön, wenn das alles die Natur fo gefchaffen hat.

Baronin. (kokettirend) Sie fcherzen!

Karl. Und der Wuchs — o! der ift vollends zum Bezaubern.

Baronin. (für fich) Wie angenehm fchmeichelnd!

Karl. Ich brenne lichterloh, holde Göttin! wollen Sie mich erhören?

Baronin. Wie kann man fo ungeftüm — fo unartig —

Karl. Ich kann die Umfchweife nicht leiden. Alfo — Schach der Königin! (fafst ihre Hand)

Baronin. Sie find fo zudringlich — diefe Zeit — meine Verlegenheit — ach! (präparirt fich zur Ohnmacht)

Karl. Was fehlt Ihnen?

Baronin. Diefer unerwartete Auftritt — Ich weifs nicht — es wird mir immer fchlimmer —

(finkt mit Koketterie und fingirter Ohnmacht
auf einen Seffel)

Karl. (Ohne fie anzurühren, beobachtet fie,
lächelt boshaft und wie fie finkt, läuft er
fchnell zur Mafchine und fchliefst fich ein)
(lange Paufe)

Baronin. (fieht fich endlich um) Wo find Sie?

Karl. Im Kaften.

Baronin. Was machen Sie da?

Karl. Ich bin geflüchtet.

Baronin. Vor was?

Karl. Vor der Ohnmacht!

Baronin. Aber ift das auch höflich? ein Frauenzimmer, das in Ohnmacht fallen, will zu
verlaffen!

Karl. Es ift gegen meine Natur. Blut, fo viel
Sie wollen, kann ich fehen, nur keine Ohnmachten.

Baronin. Aber jetzt bitt ich, mir genau zu fagen, wer Sie find? und wie Sie hieher gekommen?

Der alte Ruf. (von innen) Er mufs hier feyn!

Baronin. Gott! wir werden überrafcht!

Karl. Von wem?

Baronin. Ich glaube von meinem Mann!

Karl. In Gottes Namen, ich fürcht mich gar
   nicht.

Baronin. Ich bin des Todes!

Karl. Warum?

Baronin. Er ift fo eiferfüchtig.

Karl. Gut!

Baronin. Er wird wüthen.

Karl. Herrlich!

Baronin. Er wird uns mifshandeln.

Karl. Ganz fürtreflich! Mehr Gelegenheit zu
   Auffehen finde ich im Leben nicht —

Der alte Ruf. (von innen — näher als zuvor)
   Hilft nichts, ich will und mufs hinein!

Karl. (für fich) Mein Onkel! da giebts noch
   mehr Spafs.

Baronin. (für fich) Der alte Ruf; das wäre
   noch ärger. (zu Karl) Ich bitte Sie um alles
   in der Welt!

Karl. Ja, mein girrendes Täubchen! weil Sie
   fo fchön bitten, zieh ich mich in meinen
   Käfig zurück. (geht in den Kaften)

Baronin. (riegelt die Mittelthüre auf)

Siebende Szene.

Der alte Ruf; Vorige. Hernach Baron.

Baronin. (von innen) Ei Herr von Ruf, wer
wird so spät die Damen überfallen?

Ruf. Ach, — ich thue Ihnen nichts zu leid, das
glauben Sie mir!

Baronin. Was suchen Sie denn?

Ruf. Meinen Neffen.

Baronin. Bei mir?

Ruf. Das so eigentlich nicht —

Baronin. Wo denn?

Ruf. Bei seiner Braut, oder beim Teufel; ich
weis sonst keinen Platz mehr!

Baronin. Wie kommen Sie auf die Idee?

Ruf. Weil ich ihn seit 3 Stunden überall vergebens suchte; hörte, daß er gestern und heute
schon einigemal da war.

Baronin. Aber wie reimt sich das mit der
Schilderung von heut?

Ruf. Das weis ich selbst nicht!

Baronin. Ob er gleich nicht hier ist, so versichere ich Ihnen doch, dass meine Meinung von ihm die richtigere ist.

Ruf: Wenn ich ihn nur nicht selbst gesprochen hätte!

Baronin. Warten Sie's ab, und Sie werden mir ganz gewiss recht geben, er ist zuverlässig einer der wildesten, ausgelassensten jungen Männer in Europa!

Ruf. Ach Gott! wenn das wahr wäre — er sollte von mir haben, was er nur wünschen möchte!

Karl. (öffnet ein wenig den Kasten und ruft) Va!

Ruf. (nach der Seite) Was war das?

Baronin. Nichts!

Ruf. Ei behüte! eine Stimme wars.

Baronin. Warum nicht gar.

Ruf- Ja, positiv! — und wo ich nicht irre, kam sie aus diesem Kasten.

Baronin. Sie träumen, Herr v. Ruf!

Ruf. Nein nein nein! Der Kasten ist lebendig.

Baronin. Was das für Zeug ist!

Ruf. Was macht er denn hier?

Baronin. Der Kasten?

Ruf. Ja, der Kasten-

Baronin. Nun, ich wills Ihnen wohl sagen; Sie müssen mir aber verfprechen, es vor meinem Manne geheim zu halten?

Ruf. So? nun, gefchwind!

Baronin. Haben Sie nie von dem berühmten Kunftwerk gehört? der Schachmafchine? die dem ftärkften Mitfpieler abgewinnt?

Ruf. Des Herrn von Kempelen?

Baronin. Ja, dies ift fie. Sie ift ein Gefchenk für meinen Mann. Sie kennen ihn als einen leidenfchaftlichen und ftarken Schachfpieler; der felten einen Gegner findet der ihm gewachfen wäre; nun will ich ihn durch diefes Kuuftwerk überrafchen.

Ruf. Der wird teufelmäffig überrafcht werden! Nicht wahr, die Mafchine hat Stahlfedern?

Baronin. Ich kenne ihre Zufammenfetzung nicht.

Ruf. Wollen fie einmal unterfuchen.

Baronin. (verhinderts eilig) Bei Leibe nicht!

Ruf. Warum nicht?

Baronin. Sie möchten etwas verderben.

Ruf. Ich? — O gehen Sie! — Aber Sie find doch
recht attent gegen ihren **Mann**, daſs Sie ihm
ein ſo berühmtes Kunſtwerk verſchaffen.
Hahaha! eine Maſchine mit Springfedern!
Ha ha ha!

Baronin. Wie können Sie nun ſo darüber
lachen?

Ruf. Es iſt gar zu galant! und — die Sorgfalt!
, ſie dicht neben ihr **Schlafzimmer** zu ſtel-
len, damit ihr ja nichts Leids widerfährt.
(lacht ſtärker)

Baronin. Warum denn nicht? Eine Maſchine? Ein Spielwerk?

Ruf. (immer lachend) Freilich! freilich! ein
Spielwerk! mit Springfedern! eine Maſchine,
die ſich bewegt, und einen Laut von ſich
giebt! (lacht ausgelaſſen)

Baronin. Herr von Ruf, Sie werden mich
böſe machen! ich will doch nicht hoffen,
daſs Sie etwas Arges darunter denken?

Ruf. O nein, ganz und gar nicht! Aber kurios bin ich im höchsten Grade! (will durchaus hin)

Baronin. (verhinderts mit Heftigkeit) Herr von Ruf, ich verbitte mirs schlechterdings!

Baron. (inwendig) Was macht er denn so spät bei meiner Frau?

Baronin. (für sich) O weh, mein Mann— .(laut) Herr von Ruf, ich bitte recht sehr.

Achte Szene.

Baron. Vorige.

Baron. Was bringt dich denn so spät zu uns?

Ruf. Ich suche meinen Neffen.

Baron. Was? im Schlafzimmer meiner Frau?

Ruf. Gelt, das kömmt dir besonders vor? Du bist doch nicht etwan eifersüchtig?

Baron. O nein!

Ruf. Hasts auch nicht Ursache. Du hast eine Frau! —eine Frau! —die Du nicht verdienst.

Baron. (mit einem Seufzer) Das weiss Gott!

Ruf. Ein Muster von Artigkeit und Gefälligkeit!

Baron. Das weiſs ich.

Ruf. Ja, wenn Du erſt alles wüſsteſt?

Baronin. (winkend) Herr von Ruf!

Ruf. (fährt fort) Wie beſorgt ſie iſt, dir heimliche Freude zu machen. Kennſt Du die berühmte Schachmaſchine? die von ſelbſt ſpielt?

Baron. Ich habe davon gehört.

Ruf. Da ſteht ſie.

Baron. (ſieht hin, ſehr verwundert) Iſt das Spaſs oder Ernſt?

Karl. (ſpringt plötzlich hervor) Ernſt! — Schach dem König!

Die Alten. (drücken Erſtaunen aus, die Baronin Schaam und Verlegenheit)

Baron. Was iſt das!

Ruf. Mein Karl, ſo wahr ich lebe!

Baron. Dein Karl?

Szenen aus:

Ifflands Dienstpflicht.

Schauspiel in 5 Aufzügen. Mfpt.

Hier vorkommende Perfonen.

Kriegsrath Dallner.

Secretair Dallner, fein Sohn.

Mad. Rofen, feine Tochter.

Ernft, ein kleiner Knabe, ihr Sohn.

Secretair Fallbring.

Baruch , ein Jude.

Kammerherr von Falkenberg.

Erfter Aufzug.

Siebenter Auftritt.

Mad. Rofen; Secretair Dallner; Kriegs--
rath Dallner kömmt mit Ernft zu ihnen.

K. Dallner. Ei, ei; mein Sohn, an die Arbeit!

S. Dallner. Es ift noch früh, lieber Vater!

K. Dallner. Die Arbeiter, die so auf den
Glockenschlag passen — die sind mir die rechten! Ehe die Stunde anfängt, muss man ruhig, gesammelt und kalt — am Arbeitstisch
sitzen. Wenn die Uhr das erstemal anschlägt
— zur Feder gegriffen — und dann in Gottes
Namen fort! Es wird indem neun Uhr voll
ausschlagen — Geh' an dein Geschäft, mein
Sohn! (S. Dallner geht)

Achter Auftritt.

Vorige, ohne Sec. Dallner.

K. Dallner. (zu Ernst) Wie geht deine Schrei-
berei von statten, Kleiner?

Ernst. (holt das Schreibbuch) Gut, Grofsvater!

K. Dallner. Ei, ei — wie steht der Buchstabe
da? dieser, meine ich; dieses A?

Ernst. [sieht hin] A? — der steht schön da.

K. Dallner. Der steht schief da. — So steht er.
[er stellt sich auf ein Bein] Sieh — so lehnt
er sich an den andern Buchstaben. Das kann
ich nicht leiden. Ein wohlgemachter Buchstabe und ein rechtlicher Mensch — die müssen

allein ftehen können, und fich nirgend anleh-
nen. — Du darfft ihm keine Vorfchriften mehr
machen, meine Tochter! Er mufs einen
Schreibmeifter bekommen.

Ernft. Mama fchreibt fchön.

K. Dallner. Du haft fparen wollen, ich weifs
es wohl. Aber dabei kann es nicht feyn.
Weiber fchreiben wohl eine fchöne Hand,
aber keine fefte Hand. Es ift zu wenig an
ihren Buchftaben, oder zu fein — im Ganzen
— ungleich. Das macht üble Impreffion. In
einer Handfchrift fehe ich den Karakter des
Menfchen. Daher verlange ich, dafs fie dem
Auge wohl thue, dafs alles genug feye und
nichts zu viel. Gleichen Strich in Hitze und
Kälte, in Freude und Leid. — Gott befohlen.
[geht]

Zweiter Aufzug.
[In des Secretair Fallbrings Haufe.]

Erfter Auftritt.
Fallbring; dann Baruch.

Fallbring. [packt Geldfäcke in einen Koffer]
Ihr follt mir fort. Gehe es dann, wie es wolle.

So ift doch auf alle Fälle der Apfel für den
Durft gerettet.

Baruch. Nu — do bin ich!

Fallbring. Ei, ei! Baruch lieb! wie gehts?

Baruch. Wie kehts? hm! wie die Zait un
ich. Ich keh mit der Zait.

Fallbring. Alfo mit der Welt? nun, und wie
geht die Welt mit euch um?

Baruch. Die Welt un ich? Mer fin von aner
Farb, Changeant.

Fallbring. Changeant? fo? nun — fpielt ihr
heute ins Dunkle oder ins Helle?

Baruch. Als anerlä Farb. Aus dem filberne
ins goldene. Aber — was wolln fe von mer?
Es wird Mittag.

Fallbring. Nun, fürs baare Geld ifst Meifter
Baruch wohl auch einmal eine Stunde fpäter.

Baruch. Na, kane Minutt fpäter.

Fallbring. Was der Teufel!

Baruch. [ernftlich] Na! Ich keh, ich laf, ich
fchaff vors Geld; jo! aber alles hat fein Zait.
Wann mer will fpahre am Effe die Zait?

Mer verliert 20 Perzent am Langlebe. Zwölf
Uhr? Setz ich uff mei Käppel un efs. Do
mag komme, was will — ich efs.

Fallbring. Nun, habt ihr fchlefifche Leinwand?

Baruch. Worum nich? — Aber — was is das?
Die Leinewand do — was ftellt fe vor? Soll
mer Gott helfe — die Leinwand is de Angel,
womit fe wolle fange de Baruch! Jo, de Baruch fange? ich beifs nich an der Angel.

Fallbring. Kurz und gut! wollt ihr mir für
30 Louisd'ors einen wichtigen Dienft leiften?

Baruch. Worum nich? was folls feyn?

Fallbring. Ihr kennt den Becker Ehlers?

Baruch. Spektakel! wer kennt nich de reiche
Becker Ehlers? Er wird ausgefange.

Fallbring. Wer?

Baruch. Becker Ehlers. Die Kriegskanzlei
lafst ihn ausfange. Haint noch. Ich wäfs.

Fallbring. Baruch — ihr müfst einen Meifter-
ftreich machen. Der Kerl — Gott weifs wie —
hat einmal einen Plan zu einer Lieferung

von mir begehrt — er hat ihn von meiner
Hand geschrieben.

Baruch. En Plan, wie mer liefert? Jo! En
Plan, wie mer nix liefert, werre Se ge-
schriebe habe.

Fallbring. Genug, das Papier hätte ich gern
wieder in meine Hände.

Baruch. Au weh!

Fallbring. Er will mir es nicht geben.

Baruch. Ich gäbs ach nich.

Fallbring. Das Papier kann mir viel schaden
und dem Becker Ehlers hilft es nichts.

Baruch. Nu— mer hat als gern Kampenie! in
Kampenie gewunne, in Kampenie verrunne!

Fallbring. Fünfzig Louisd'ors, wenn du mir
das Papier schaffen kannst.

Baruch. Mer kanns schaffe — jo — der Ehlers
is gar dumm.

Fallbring. Aber bald —

Baruch. Gewiss bald. As se de Ehlers fange,
fange se de Papiere doch ach mit. Nu — ich
keh — was is des — ich kann ihne ach noch

e Port uff mache. Dallner — der alte Dallner
—fucht taufig Daler.

Fallbring. Nicht mehr.

Baruch. Der Sohn war bei mer — do — do is
die Verfchreibung.

Fallbring. Der Sohn?

Baruch. Des Geld is jo for Sie? Von wege der
Vormundfchaft.

Fallbring. (nachdenkend) Hm — das ift des
alten Dallners Hand — der Sohn war —

Baruch. War bei mer.

Fallbring. Ich will die taufend Thaler her-
geben — zu vier Prozent.

Baruch. Do mufs der Schu drücke. Sonft nehme fe als fechs.

Fallbring. Aber da ich kein Geprahle will,
fo zahle er es dem Sohne aus.

Baruch. Dem Sohn? wie komme fe mer vor?
Wafler in ä Sieb!

Fallbring. (holt das Geld) Da find 1000 Thaler. Wo ift die Verfchreibung?

Fallbring. Gebt das Geld dem Sohne! Er ist wohl freilich leicht, aber ein Mann von Ehre, und wird es dem Vater zustellen. Nun aber gleich zu Ehlers!

Baruch. Herr Ehlers wird gezoge, Sie werre sehe.

Fallbring. Gezogen?

Baruch. Im Zuchthaus — Worum? Lieferungen hat er gedohn, daß den Soldate sein ausgefalle die Haar glatt vom Kopp, un uffgeschwolle ihre arme Bäuch! — ich krieg das Papier — se werre sehe. (geht)

Fallbring. Diese Verschreibung kann mir treffliche Dienste leisten.

Fünfter Aufzug.

Fünfter Auftritt.

Fallbring, Kammmerherr v. Falkenberg.

Fallbring. Gnädiger Herr!

Kammerherr. Wollen Sie dem Fürsten gemeldet seyn?

Fallbring. Ich habe fchon die Gnade gehabt,
Ihro Durchlaucht aufzuwarten. Ich wollte
nur für die Audienz meinen Dank abftatten.

Kammerherr. Wer find Sie?

Fallbring. Secretaire Fallbring, gehorfamft
aufzuwarten.

Kammerherr. Aha — der Leiblakai hat Sie
vorhin gemeldet — empfehle mich.

Fallbring. Es ift dennoch durch Dero Protection gefchehen, dafs ich die Gnade —

Kammerherr. Melden gehört zur Aufwartung; ift mein Dienft, alfo Schuldigkeit und
. keine Protection. Ja oder nein fagen — ift
des Fürften Sache.

Fallbring. Beruhigen Sie mich doch über den
guten, gnädigen, lieben, lieben Fürften! Er
fieht fo bleich aus. Aber die Sorgen — die
Unruhen — da hat ihm der alte, unruhige
Dallner auch einen böfen Tag gemacht.

Kammerherr. Das fagt man.

Fallbring. Ach, der Mann ift fich felbft nicht
hold.

Kammerherr. Man hört hier nicht viel Gutes von ihm.

Fallbring. Er ift heftig — verläumderifch — fpionirend — angebend. Was thut ein folcher Menfch, als redliche Bürger kränken, und dem guten Fürften das Leben fauer machen? Solche Leute follte man gar nicht vorlaffen. (er bietet ihm Toback) Darf ich wagen?

Kammerherr. (will eine Prife nehmen) Solche Leute taugen freilich nicht.

Fallbring. (fchiebt ihm die Dofe in die Hand) Bedienen Sie fich! — Das wäre zum Exempel für treue Diener eine Pflicht, Leute der Art lieber nicht zu melden, als den Herrn zu kränken.

Kammerherr. (giebt die Dofe zurück)

Fallbring. Sie ift in beften Händen.

Kammerherr. Was?

Fallbring. Ein kleines Andenken für die gnädige Audienz.

Kammerherr. Haben Sie mich zum beften?

Fallbring. Mit Bitte — fo Brausköpfe nicht

zu melden, daſs der gute liebe Fürſt ſeine
Regierung ohne Aerger führen möge.

Kammerherr. Was bilden Sie ſich ein? Ein
Kammerherr ſoll den Weg offen halten, daſs
jedermann mit ſeiner Noth an die Herzensthü-
re anklopfen kann. Das iſt ein Ehrenpoſten,
und deſshalb ſollten wir billig den Kammer-
ſchlüſſel auf dem Herzen tragen. Sie aber
wollen mich wegkaufen und zur verlohrnen
Schildwache machen?

Fallbring. Ach Gott nein! Ihr Gnaden!

Kammerherr. Reich bin ich nicht — aber
wenn ich mein Wappen aufdrücke, ſo denke
ich — offner Helm — offne Stirne — offne
Augen — offne Rede und That! [er wirft
die Doſe auf die Erde, zieht den Degen und
ſchlägt ihn über die Schulter] Packe er ſich
hinaus — Beutelſchneider!

Fallbring. Gerechter Gott! [will links ab]

Kammerherr. Die groſse Treppe hinunter —
dort hinaus —

Fallbring. [geht rechts ab]

Kammerherr. Daher kommt eben alles Un-
heil, daſs deines Gleichen die geheime Treppe gehen.

Euterpe.

Lieder mit Musik.

Neue Liebe neues Leben,
von Freiherrn von Dalberg.

1.

Herz! mein Herz was soll das geben!
Was bedrängt dich doch so sehr?
Welch' ein fremdes neues Leben!
Ich erkenne dich nicht mehr.
Weg ist alles, was du liebtest,
Weg, warum du dich betrübtest,
Weg dein Fleiß und deine Ruh';
Ach wie kamst du nur dazu?

2.

Feßelt dich die Jugend-Blüthe,
Diese liebliche Gestalt,
Dieser Blick voll Treu und Güte,
Mit unendlicher Gewalt?

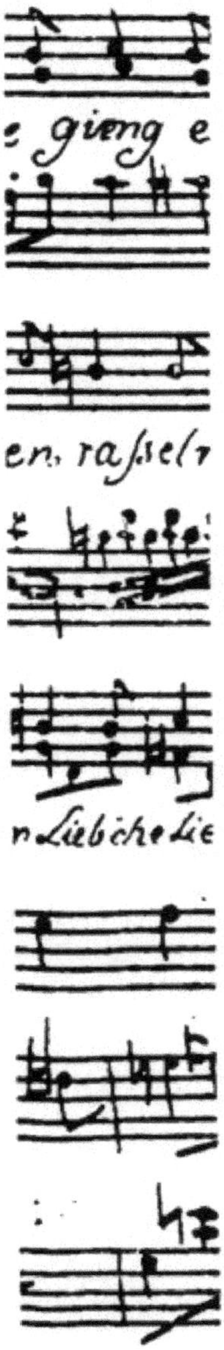
gieng
en, rassel
Liebche

fo. cres. po
ntlang, Da hört ich wie im Thurmer
an der hand und sang so fröhlich=
po
bt mich Denn ich weiß mein Liebchen liebet mich

Will ich rafch mich ihr entziehen,
Mich ermannen, ihr entfliehen,
Führet mich im Augenblick
Ach! mein Herz zu ihr zurück.

3.

Und an diefem Zauberfädchen,
das fich nicht zerreifsen läfst,
hält das liebe, lofe Mädchen,
mich fo wider Willen feft;
Mufs, in ihrem Zauberkreife,
leben nun auf ihre Weife.
Die Veränd'rung ach, wie grofs!
Liebe! Liebe! lafs mich los!

Lied eines wahnfinnigen Mädchens.

Von eben demfelben.

I.

Früh Morgens als ich geftern
im Felde gieng entlang,
da hört' ich wie im Thurme
ein Mädchen lieblich fang:

die Ketten rasselnd an der Hand
und sang so fröhliglich;
Mein Liebchen lieb' ich, denn ich weiss
mein Liebchen liebet mich.

2.

O harter harter Vater,
der riss ihn ab von mir!
Grausam, grausamer Schiffer,
der fort ihn nahm von hier!
Seit dem bin ich so stille nun, -
so still aus Lieb um dich,
und lieb mein Liebchen, denn ich weiss
mein Liebchen liebet mich.

3.

O wär' ich eine Schwalbe,
wie schlüpft' ich zu ihm heim!
Wär' ich die Nachtigall,
ich säng in Schlaf ihn ein;
könnt ich ihn an, nur an ihn sehn,
Vergnügt und froh wär ich!
Ich lieb mein Liebchen, denn ich weiss
mein Liebchen liebet mich.

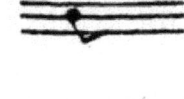

die
un... Pilger rettet daß

Me...
me... ; geschwinder

O
de...n bettet. Das

Gr...
de...

Se...
fo... (wieder langsam)

un ihm Trost du giebst ihm Ruh wenn
me

O
wi...

W...
ich

kö...
Ve...
Ich
me...

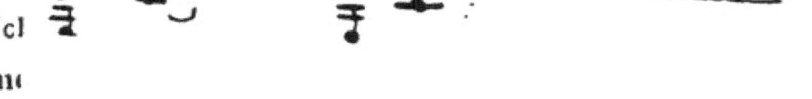

4.

Kann ich den Tag vergeſſen,
als ich am Ufer ſtand
ihn ſah zum letztenmal
den nie ich wieder ſand;
Er kehrt auf mich ſein Auge noch,
ach wie ſprach das in mich!
Mein Liebchen lieb ich, denn ich weiſs
mein Liebchen liebet mich.

5.

Ich flocht dir dieſes Kränzchen
mein Lieb' und flocht es fein,
von Lilien und von Roſen,
und binde Thim'ian drein.
Einſt geb ich's denn, mein Liebſter, dir,
wenn ich ſeh wieder dich,
mein Liebchen lieb ich, denn ich weiſs
mein Liebchen liebet mich.

Die Liebe.
Von Matthiſon.
Mit Muſik von D. v. Eicken.

Sag an, o Lied! was an den Staub
den Erdenpilger kettet,

dafs er auf dürres Winterlaub
fich wie auf Rofen bettet!
Das bift du, füfse Liebe du,
du giebft ihm Troft, du giebft ihm Ruh,
wenn Laub und Blumen fterben.

2.

Und ach! wenn fein zerrifsnes Herz
aus taufend Wunden blutet,
was fänftigt dann den Seelenfchmerz
der drinnen ebb't und fluthet?
O Liebe! Liebe! Oel und Wein,
träufft du den Todeswunden ein,
tränkft ihn mit Himmelsfreuden.

3.

Wenn ihn Verzweiflung wild umfängt
mit hundert Riefenarmen,
gewaltig ihn zum Abgrund drängt,
wer wird fich fein erbarmen?
Du, Liebe! du erbarmft dich fein,
führft ihn, wenn taufend Tode dräun,
Noch fanft zurück ins Leben.

4.

Wenn er am Sterbebette weint
von Todesgram umnachtet,
wo angſtvoll ſeiner Jugend Freund
dem Grab' entgegen ſchmachtet,
was ſtillt dann des Verlaſſnen Gram:
o Liebe! was der Tod ihm nahm,
giebſt du verſchönt ihm wieder!

5.

O Liebe! wenn die Hand des Herrn,
der Welten Bau zertrümmert,
kein Sonnenball, kein Mond, kein Stern,
am Firmament mehr ſchimmert;
dann wandelſt du der Erde Leid,
Gefährtin der Unſterblichkeit!
In Siegsgeſang am Throne!

Die Laube.

Von Hölty.

Mit Muſik von Grofsheim.

1.

Nimmer werd ich, nimmer dein vergeſſen,
kühle grüne Dünkelheit!
wo mein liebes Mädchen oft geſeſſen

2.

Schauer wird durch meine Nerven beben,
werd ich deine Blüten fehn,
und ihr Bildnifs mir entgegen fchweben,
ihre Gottheit mich umwehn.

3.

Thränenvoll werd ich beim Mondeslichte,
in 'der Geifterftunde Graun,
dir entgegen zittern, und Gefichte
auf Gefichte werd ich fchaun.

4.

Mich in manchen Göttertraum verirren
bis Entzückung mich durchbebt,
und nach meinem füfsen Täubchen girren
deffen Abfchied vor mir fchwebt.

5.

Wenn ich auf der Bahn der Tugend wanke,
Welt-Vergnügen mich beftrickt,
dann durchglühe mich der Feu'rgedanke
was in dir ich einft erblikt!

6.

Und als ftrömt' aus Gottes offnem Himmel
Tugendkraft auf mich herab,
werd ich fliehen, und vom Erdgewimmel
fernen meinen Pilgerftab.

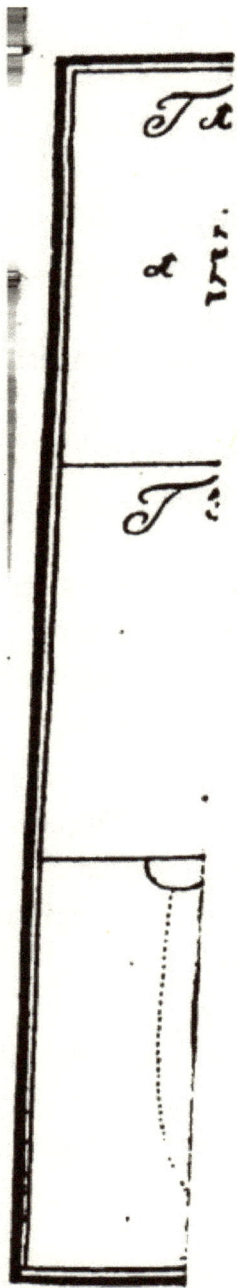

l
.
i
l
.
r
s
i-
n
r
s
d
;-
-
n
n

Terpsichore.

Ueber das Tanzen. *)

Das Tanzen gehörte von jeher zu den Volks-ergötzungen; es war die Erholung nach lang ge-dauerten Arbeiten; ein Zeichen der Freude bei gewissen öffentlichen Gelegenheiten — und überhaupt an sich , nach den verschiedenen Vor-stellungen der Freude, oder anderer Arten der Affekten (oft auch trauriger) jedesmal besonders modifizirt und beschaffen. Es drückt also Lei-denschaften aus. Selbst bei den wildesten Völkern war und ist es noch der Ausdruck ihrer Begierden , und im Grunde also ein Gemälde, das nur in Farben und Schattirungen, ob geschikt (und regelmäßig) oder tölpisch (und regellos) vorge-tragen ,— verschieden ist.

*) Auszug aus einer Abhandlung: Das Tanzen in pathalogisch-moralischer Hinsicht , von Spanitzer. (Zur Warnung für unsere leiden-

Ich fpreche aber nur hier abfichtlich von dem
Tanzen im gefellfchaftlichen Leben, info
fern es fchädlichen Einflufs auf Körper und Sitt-
lichkeit hat. Deswegen unternehme ich auch,
keine äfthetifche, fondern blos eine pathologifch-
moralifche Skizze zu geben; mufs aber in diefer
Hinficht auf die Arten des Tanzes felbft Rükficht
nehmen, um das Nachtheilige davon zu zeigen.

Mit dem Uebertriebenen, für Körper und
Geift gleich Angreifenden, hab' ich es alfo nur
zu thun; denn der Tanz in diätifchen Schranken,
ift ein trefliches gymnaftifches Mittel, den Körper durch Bewegung zu ftärken und den Geift
aufzuheitern; und ohne Mifsbrauch würden diefer
Ergötzlichkeit gar nicht jene Vorwürfe des man-
nichfaltigen Nachtheils gemacht werden können,
welche das Uebermaafs diefes, jetzt fo ausfchwei-
fenden und zerftörenden Vergnügens nur zu fehr
verdient.

Durch das Tanzen werden alle Glieder in
eine Bewegung verfetzt, die von jeder andern, als
Fahren, Reiten, Schaukeln &c. beträchtlich ab-

weigt. Hier nimmt jedes Glied Antheil an der Bewegung; der Umlauf der Säfte im kleinsten Gefäse wird vermehrt, alle Abfonderung verstärkt, das Blut untereinander gemifcht, der Nervenreiz erhöht, die Biegfamkeit und Gelenkheit der Gliedmafsen geübt; und alles dies, mäfsig in Verhältnifs der Kräfte und der Conftitution des Körpers getrieben, mufs offenbar der Energie des Nervenfiftems einen vortheilhaften Schwung geben, und wohlthätig für Körper und Geift feyn.

Wie fehr gehen aber nicht alle diefe Vortheile durch die täglichen M i f s b r ä u c h e des Tanzens und die Art der gewöhnlichen modifchen Tänze, verloren! Daher wird Geift und Körper zerrüttet, und das Vergnügen zwecklos. — Statt Aufheiterung, Belebung zu den Gefchäften des folgenden Tages zu bewirken, ift Ueberdrufs, üble Laune, Eckel und Schwäche ihr Loos; Nervenfchwäche, mannichfaltige Gebrechlichkeit, Krüplichkeit u. f. f. folgen nach.

Alles dies nimmt uns nicht Wunder, wenn man auf die Arten der zerſtörenden Tänze, auf die Sorgloſigkeit in Vermeidung der dabei vorfallenden Fehler ſieht. — Unſere Vorältern waren noch nicht ſo reich an Zerſtörungsmitteln ihrer Geſundheit, ſie tanzten hicht ſo wild, ſo ausgelaſſen; (wenigſtens war dies doch nur in einigen Gegenden der Fall) Nur mit der Aufnahme der neueren franzöſiſchen und engliſchen Gebräuche, haben wir auch ähnliche Thorheiten des Tanzens angenommen. Dem Auslande nur verdanken wir das Stundenlange raſende, Parforcejagden ähnliche, wilde, zweckloſe Durcheinanderlaufen, das mit einer Anſtrengung und Wuth, nach dem möglich ſchnellſten Rhythmus unternommen wird, und wobei das Getöne einer immer ſich wiederholenden oder tobenden Muſik die Tanzenden ſchnell genug anſporen kann; wo keichend und athemlos, mit Scharlach überzogenen Angeſicht und triefenden Körper, man eher einem Haufen Menſchen gleicht, der von St. Veits Tanz befallen iſt, oder gar durch einen ſtillſchweigenden Contract ſich zu zerſtören ſucht.

Ein folches Gefchenk haben wir an dem fo-
genannten Walzen, diefer immerwährenden
Kreisbewegung, erhalten, das nur ein böfer Dämon
erdacht haben kann, um ftundenlang das Gehirn
in einer beftändigen, ihm ganz widerlichen
und betäubenden Bewegung zu verfetzen; *) das
zugleich zu unzüchtigen Stellungen und Berüh-
rungen den möglichften Vorfchub leiftet; dem
unfchuldigen Mädchen (durch den Druck des Bufens und der Schenkel **) Triebe und Affekte ein-
flöfst, die ihm vorher unbekannt waren; ***) es
taumeln macht, ihm Ueblichkeiten und Nerven-

---

*) Vornämlich, wenn, wie in Wien und andern
Orten, fie fo aufferordentlich fchnell getanzt
werden, dafs die Tanzenden in einigen
Sprüngen den ganzen Saal hinabfliegen. Am
Rhein, zu Mannheim u. f. f. wird er fanfter,
langfamer getanzt.

**) Ich fah tanzende Paare, wo das Mädchen
mit ihrem ganzen Geficht in den Bufen des
Mannes vergraben, jeden feiner Athemzüge
auffängt, im gäntzlichen Hinfchmachten ihn
umfchlingt.

***) Hierzu nur noch eine einladende Sommernacht
— Mondfchein — die Glut eines unternehmen-
den Mannes — eine Laube — — und das Tete

zufälle bewirkt, so daſs es kaum zuweilen das
Zubodensinken verhüten kann, oder wohl gar
endlich ohnmächtig nach dem Tanz hinsinkt.

Die Menuet bleibt unter allen bekannten
Tänzen der vernünftigste und zuträglichste. Gleich-
mäſsige Bewegung aller Gliedmaſsen, Uebung
der festen Theile, heilsame vermehrte Ausdünstung und Wohlbefinden, sind gänzlich mit ihm
vereinbar. — Dieser Tanz sollte alle übrigen ver-
drängen, wogegen aber Ueppigkeit und Aus-
schweifungssucht ihn gerade fast verdrängt zu
haben scheinen. Er ist der vollkommste karakte-
ristische Tanz; er würde uns keine krüpplichen,
schwindsüchtigen und Nerven schwachen Mädchen
und Weiber liefern.

Auch der polnische Tanz, (welcher,
auſser seinem Vaterlande, in Sachsen, Schlesien
und andern Orten getanzt wird, und jeden Ball
anfängt) würde, wenn er nicht zu lang und zu-
letzt auch zu schnell getanzt wird, mit einer
zuträglichen Bewegung am meisten übereinkom-
men.

Vorzüglich wird der Tanz durch den Neben-
gebrauch verfchiedener Dinge, in Abficht auf die
Folgen nachtheilig. Zuerft durch das unvor-
fichtige Trinken kalter oder heifser Getränke.

Durch die heftige Bewegung werden die flüf-
figen feinern Beftandtheile der Säfte zerftreut;
der fchnelle Umlauf in den Lungenfäften und das
Einathmen des heifsen fchädlichen Dunftkreifes
macht die abfondernde und ausdünftende Oberfläche der Lunge drockner, rauher; dadurch wird
der Nervenreiz verftärkt, daher entfteht das un-
angenehme Gefühl des Durftes. Unbedachtfam
überläfst fich der Tanzende diefem Gefühl, und
verfchluckt (nicht fo leicht kaltes, weil dies jeder für fchädlich hält) eine Menge heifsen oder
wärmen Waffers, wohl gar mit geiftigen und
hitzigen Beftandtheilen, als Punfch, Wein &c.
gefchwängert. Hierdurch wird nun die Ausdün-
ftung noch ftärker befördert, und in triefenden
Schweifs verwandelt.

Offenbar erleichtert zwar, für den Augenblick, das Trinken die Erhitzung, und der Körper fühlt sich etwas leichter; der nachfolgende Nachtheil aber ist um so gröfser; denn leicht entstehen hier Anlagen zu Verstopfung in den zarten Lungengefäfsen, oder zu Ausdrocknung, je nachdem mancher in diesen oder jenen Eingeweiden schon eine kränkliche Anlage mit sich umher trägt.

Kaltes Getränke ist allerdings noch schädlicher; es hemmt nicht allein die Ausdünstung, verurfacht Stockungen in diesen oder jenen edeln Theilen, bringt Husten, Blutspeien, Ohnmachten u. d. gl. hervor, sondern hat auch sehr oft durch Erregung eines plötzlichen Schlagfluffes, mittelft des heftigen Reizes der Kälte auf Lunge und Herz, und der plötzlichen Verhinderung des Blutumlaufs in diefen Theilen, schleunigen Tod zuwege gebracht. Eben diese Nachtheile bringen Eis und ähnliche Erfrischungen hervor.

Das zweite Nachtheilige, hier in Betrachtung zu ziehende, find: das Schnüren und die zu leich-

ten und zu engen Kleider, deren sich die Tänzerinnen, der schönen Taille und des leichten
Tanzens wegen, öfters bedienen. Durch e r ſt e r e
wird die zu plötzliche Abkühlung befördert, und
die e n g e n Kleider preſſen Säfte und Gefäſse zuſammen, vermehren die Anhäufung des Bluts
nach den innern Theilen, und verurſachen Un-
ordnung des Kreislaufs, die ſich ſodann durch
Beängſtigung Ohnmachten u. ſ. w. offenbart.

Das Schädlichſte iſt endlich noch, nach E n-
d i g u n g des Tanzes, der ſchnelle und zerſtören-
de Wechſel der dörrenden Luft mit der heftigen
Kälte, *) wogegen das vorhergegangene etwanige
Stillſitzen und Abkühlen nicht ſchützen kann ; —
denn die ausdünſtende Oberfläche der Lunge,
wird lange nicht ſo bald in ihr voriges Gleichgewicht verſetzt, als man wohl glaubt, und der
plötzliche Wechſel der Ruhe mit der kurz vorher-
gegangenen heftigen Bewegung, iſt nicht minder
ſchädlich, als die heftige Bewegung ſelbſt. Es

*) Vornämlich, wenn der Rückweg über Feld
oder Waſſer geht.

gehören mehrere Stunden dazu, um Gefäfse und
Säfte in ihr voriges Gleichgewicht zu verfetzen',
und durch mäfsiges Hin- und Hergehen nach und
nach den Uebergang von der heftigen Bewegung
zur gänzlichen Ruhe einzuleiten. — Aber wo wird
das abgewartet? man eilt dem Bette zu, dünftet
nun von neuen heftig aus, zieht fich fchlaflofe
unerquickende Nächte zu, und ift am folgenden
Morgen mürrifch, verdrüfslich, träge, fchwach,
mit Kopffchmerzen geplagt, krank an Leib und
Seele, und hat gewifs nicht die angenehme Rück-
erinnerung, die nur ftille, Geift und Körper näh-
rende Freuden, gewähren können.

Die fernern übeln Folgen find: Befchwerden
an den Füfsen, durch das, von engen Schuhen
mit dünnen und fpitzigen Abfätzen, und der Span-
nung der Muskeln verurfachte Anfchwellen der
Fufsblätter; — durch das Zufammenpreffen und
Erfchüttern des Unterleibes geftörte Verdau-
ung, hieraus Erzeugung mannichfaltiger Schärfe,
die fich dann in den ausgedehnten Theilen zei-
get, als: Hitzblattern u. d. gl. welche thöricht

genug, noch durch Schminkwaſſer und andere zu-
ſammenziehende Mittel vertrieben werden; — be-
ſtändige Kopffchmerzen, Flüſſe, Katharre, Hals-
krankheiten und endlich wohl gar die verderb-
lichſte aller Krankheiten — die Lungenſucht.

Den nachtheiligſten Einfluſs kann übermäſsi-
ges Tanzen vorzüglich auch für künftige Müt-
ter — in das Gebähren, Seuchen und Erziehen
ihrer Kinder haben. Sie werden Schwächlinge
hervorbringen, die ſchon im erſten Leben dem
Tode zureifen.

Das männliche Geſchlecht treffen zwar,
wegen ſeines ſtärkern Baues und ſeiner gewöhnlich härtern Erziehung, die durch des Tanzens
Uebermaſs verurſachten Krankheiten im mindern
Grade; doch auch ihm ſind Bruſtfehler, Schwind-
ſucht und Abzehrung, diejenigen Uebel, zu welchem, vornehmlich das mehrere und heftigere
Trinken hitziger Sachen, nebſt andern heftigen Lei-
besbewegungen, noch das Meiſte beitragen. Vorzüglich ſind die Jünglinge durch das Tragen enger Kleider und durch zu heftige Anſpannung,

Unterleibsbrüchen und andern Unannehmlichkeiten ausgefetzt. Auch fie tragen dann das ihrige zur Hervorbringung einer fchwächlichen Generation bei. Hiezu kommt die eingeriflene Gewohnheit, noch zu fchwache und zarte Kinder in all den fchädlichen Arten der Tänze unterrichten zu laffen. Die fchwachen biegfamen Glieder erleiden leicht von dem Sprüngen und widernatürlichen Anftrengen, allerlei Verdrehungen und übeln Formen ; und wie fehr müffen nicht vollends Tänze üppiger Art nachtheilige Einflüfíe auf die fittliche Bildung der Kinder haben, und durch Reibung und Erhitzung der zarten Theile, Gefühle in ihnen erwecken, die zu dem fchändlichften und unnatürlichften aller Lafter führen können!

Neue Tänze

Da — fo wahr und treffend auch in der vorher-
gehenden Abhandlung der Schaden des Tanzens
dargethan ift, — die fchöne und garftige Welt
doch nicht zu tanzen aufhören wird; fo mufs man
fchon mit dem Strome fortfchwimmen, und liefert hier, nebft Mufik zu ein Paar Angloifen,
Touren und Mufik zu einer

Seize,

einer Art Tanzes, die — fchön getanzt — manche
Annehmlichkeit, felbft auch gewiffe Ausruhe-
punkte, gewährt.

Die dazu gehörige Mufik ift im Klavieraus-
zug beigefügt, und bleibt Kennern und Verftändigen in diefer Kunft zum Ausfetzen in die einzelnen und dazu fchicklichen Stimmen und In-
ftrumente überlaffen. Uebrigens ift der Lauf der
Damen (wie fonft gewöhnlich) mit Punkten, der
der Herren aber, mit Linien angedeutet, und der
Charakter V zeigt nach der fchon vom Herrn

B r e i t k o p f d. j. in 'Leipzig mit Recht angenommenen Deutung an , dafs die Tänzer und Tänzerinnen mit dem Gefichte nach dem Rond oder
einander vis á vis, das A hingegen, dafs fie mit
dem Rücken nach demfelben einander zugekehrt
ftehen follen. Auch ift zu Erfparnifs des Raumes
und um nicht überflüfsige Arbeit zu thun, immer
nur die Bewegung des einen Flügels von 8 Perfonen dargeftellt , welchen die des andern genau
nachzuahmen haben.

Nach gewöhnlichem Rond rechts und links
folgen :

T o u r 1. Der Herr 5 und die Dame 1 treten
über, zu der einen Colonne, die fich bei
den Händen fafst; fallen beide rückwärts;
links und rechts, ab, unterdeffen die übrigen
allmälig nachgeben; faffen fich ebenfalls bei
der Hand und machen links einen halben ver-
kehrten R o n d.

T o u r 2. Paar 7 und Dame 1 mit Herrn 5 tren-
nen fich; Dame 1 und Herr 7 machen mit
Paar 8 G a l l e r i e und fchwenken fich links,

das Geſicht nach innen zu gekehrt; dieſelbe
Bewegung machen zur nämlichen Zeit auch
Paar 6 und Herr 5 mit der Dame 7 rechts.

Tour 3. Alle wechſeln ihre Plätze, chaffiren
durch und vor einander vorüber, und nehmen
jene wieder ein.

Tour 4. Die Dame 1 und Herr 8, ſo auch die
Dame 8 nnd Herr 7 faſſen ſich mit beiden
Händen, chaffiren während der Dauer
eines halben Satzes oder von 4 Muſiktakten
ſeitwärts ab, und wieder zurück; die Herren
5 und 6 machen mit den Damen 6 und 7 zugleich die Gegenfigur. Während der noch
übrigen 4 Takte aber faſſen ſich Herr 5 mit
Dame 1, 8 mit 6, 6 mit 8 und 7 mit 7 eilig
zuſammen und chaffiren entlang auf und
ab, wie die hieher gehörige Zeichnung lehrt.

Tour 5. Dame 1 und Herr 5 croiſiren und
chaffiren, ſo lange 4 Takte der Muſik
dauern, um beide Reihen links und rechts
geſchwind auf ihre Plätze, die ſie beim Anfange des Tanzes innen hatten, und drehen

fich beim Zufammentreffen mit ihren Tänzern
und Tänzerinnen ein Mal um; Herr 8 mit
Dame 6 croifiren auch und fuchen ihren
Platz; treten aber ihre Bahn 4 Takte fpäter
als jene an. Während diefer ganzen Tour
aber machen Paar 7 und Herr 6 mit Dame
8 Moulinet.

Tour 6. Herr 6 croifirt ebenfalls in 4 Tak-
ten mit Dame 8, beide chaffiren auf ihre
Plätze, wofelbft fie fich mit ihren Damen
drehen, wie in Tour 5. Paar 7 croifirt endlich auch, fällt aber zwifchen Paar 5 und 1,
die unterdeffen Arkade machen, und eilen
auf ihren vorigen Stand, alles fo lange 4
Takte der Mufik dauern, um mit der ganzen
Gefellfchaft den Tanz von neuem anzufangen,
welches mit dem bekannten Wechfel der Hände und weiblichen und männlichen Moulinet
und Rond gefchieht.

Polyhymnia.

Die Beredsamkeit.

Die Beredsamkeit besteht nicht allein in der Stärke der Gedanken; sondern es ist gewiss, dass sie vorzüglich mit vom Vortrage abhange, und dass die Art, die Gedanken zu versinnlichen, viel Einfluss auf das Glück des Redners habe. Ersteres ist der rohe Diamant, diess der geschliffene.

Schwer nur ersetzt die Kunst, was die Natur versagte; sie giebt nie die Weihe, die aus dem Herzen zum Geiste geht, nie jenen rührenden Ton, der das Merkmal des Gefühles ist. Die Kunst kann Fehler verbergen, aber sie kann nie Eigenschaften hervorbringen. Das Studium der Artikulation, die Schärfe des Akcents — die Kühnheit der Wendungen, die Punkte der Ruhe, — das Steigen und Fallenlassen des Tons, die Harmonie gut gewählter Wörter, die ganze Kunst

der Deklamation, machen einen Theil der Bered-
famke't aus, aber fie find nicht die Grundläge. Das,
was man fich felbft nicht geben, was man nicht
erlangen kann, ift es, was dem Redner den
Donner - Nachdruck giebt: — Der Ausdruck des
Geſichts und der Geberden. — — In den Bewe-
gungen feiner Muskeln, im feuervollen, oder ſanf-
ten, oder fchmachtenden Auffchlage der Augen
— in der angemeffenen Bewegung der Arme, in
der richtigen Haltung des Körpers — nicht aber
in Grimaffen — liegt der Zauber der Beredfamkeit. Alles diefs — wir wiederholen es, — erlangt
fich nicht. Mann kann gelehrt werden, aber
nicht Redner. Diefen Stempel mufs fchon die
Natur im Schaffen aufgedrückt haben. . Es finden
daher auch nicht blofe Regeln ftatt; nein, blos
eine Anweifung, das richtig zu gebrauchen, was
die Natur verlieh. — Man mufs es bauen, wie der
Landmann feinen Boden — fo unfruchtbar er auch
fey. Ein zu ftürmifcher Geift, — deffen Ideen
fich hervordrängen, wie ein Feuerftrom; lerne
feine Glut zurückdrängen — dies wird er durch
Studium bewirken; — Der Feuergeift kann fich

abkühlen , aber nie wird die Kälte zur Glut werden können. Er wird Hitze für Wärme neh;
men ; er wird beiffend werden; wenn er Em.
pfindlichkeit zeigen foll. Immer wird man gemeine Seelen auffer fich felbft gerathen fehen,
wenn man ihre Meinungen oder ihr Intereffe an-
greift. Da fällt der Mantel der Kunft, und der
Menfch ohne edles warmes Gefühl, fteht in aller
feiner Nacktheit da. Der Wortprunk ift verflo-
gen; der leere Nachhall ift übrig. Die wahre
Beredfamkeit kann nicht ohne die Hülfe der Grazien beftehen. Doch nicht Zwang und Affekta-
tion, Anmaffung und Gefuchtheit verdienen diefen Namen' nein, jene edle Ungezwungenheit,
die alles leicht fcheinen macht, fo, dafs jeder
es auch fo fagen zu können wähnt. Diefe Zwang-
lofigkeit, diefe Naturberedfamkeit ift es, die die
Feuerredner Frankreichs ihre Zuhörer mit Enthufiasmus und Thatkraft erfüllen machte, fie
hinrifs zu der Revolution fteilften, kühnften,
fchwindelndften Höhe. Diefe Naturberedfamkeit
ift es, die dem Volksredner, dem Sprecher auf

dem akademifchen Lehrftuhle, das Uebergewicht
geben mufs über den gewöhnlichen Kanzelpredi-
ger, und den fchläfrichen pedantifchen Herbeter
auswendig gelernter oder aufgefchriebener Flos-
keln und Sprüche; diefe Naturberedfamkeit ift es,
die im richtigen Einklange des Mienen- und Ge-
behrdenfpiols, dem Redner auf der Schaubühne, den
hohen Triumph der Täufchung und des Mitge-
fühls erwirkt.

Ueber die Eiferfucht,

Die Eiferfucht kommt aus dem Mifstrauen in
unfere Kräfte. Es ift eine übel geregelte Befcheidenheit, die immer Karakterfchwäche anzeigt; und Schwachheit ift der Anfang des La-
fters. — Häufige Beifpiele könnten diefe Wahrheit beftätigen. Man darf fich nur das Leben der
grofsen Männer in das Gedächtnifs zurückrufen,
nur all die hinterliftigen Fallftricke, alle die niedrigen Bewerbungen, erwägen, welche von Eiferfucht und Unvermögen hervorgebracht wer-

den. Man wird da fehen, dafs ein General auf
den andern, ein Liebhaber auf feinen Nebenbuhler, ein Schriftfteller auf feines Gleichen, nur eiferfüchtig ift, weil er an feinen eigenen Kräften
zweifelt.

Bei dem fchönen Gefchlechte ift die Eiferfucht
noch etwas Schlimmeres. Wenn fie ja nicht
Wuth ift, wird fie doch bald übertriebene Cö-
ketterie; und, da das Weib — fo zu fagen — nur
einen phyfifchen Ehrgeiz hat, fo wendet fie,
um ihre Nebenbuhlerinnen zu verdunkeln, alle
Hülfe der Kunft an. Nur die verderblichfte Pracht
der Toilette, wähnt fie, könne die Vernachläs-
figung der Natur oder das Unrecht der Zeit er-
fetzen; als wenn alle Kräfte der Kunft, und all
jene Zurüftungen des Putztifches — die Feinde der
Grazien — die Fehler verbergen könnten, die jedem hellen Auge entgegen fpringen. Ift es nicht
beffer, das zu feyn, was man ift, als umfonft einem Phantom nachzulaufen? Ift es nicht beffer,
mit fich zufrieden zu feyn, als andere unterdrü-
cken zu wollen? Und was kann dies für Nutzen

bringen? Werdet ihr mehr Achtung erlangen,
wenn euer Nachbar weniger hat? Wenn ihr all
feine Fehler enthüllt, wird das euch mehr gute
Eigenfchaften geben? — — Die Neigung zur Eiferfucht kündigt darum zuverläfsig Kleinheit des
Karakters an; — in der Freundfchaft ftört fie das
Vertrauen, in der Liebe nimmt fie den Enthufiasmus, der die Seele zu grofsen Thaten erhebt;
Im politifchen Leben fpitzt fie den Dolch der Zwi-
tracht; in allen andern Lagen ift fie die Geifel
der Gefellfchaft, die Klippe der Talente.

Ueber die Galanterie der römifchen Weiber, verglichen mit den Deutfchen.

Von allen Moden der Welt ift die Galanterie
die allgemeinfte. Ueberall giebt es Liebhaber,
überall Eiferfüchtige, überall betrogene Männer,
überall Koketten und Gecke. Eine und die nämliche Urfache mufs auch feinerlei Wirkung hervorbringen. Die Römer in dem fchönften Jahrhunderte der Republik, betrugen fich in diefem

Punkte, gerade fo, wie wir im 18ten Jahrhunderte. Es war nicht mehr Galanterie; es war Aus-
fchweifung, von Beifpiel und Gewohnheit unter-
ftützt. Die Ausfchweifungen der Frauen vom erften Range, waren fo allgemein, dafs eine, die
eine Ausnahme machte, Erftaunen erregte. Der
Männer gröfster Theil, war nichts weniger, als
eiferfüchtig, oder aufgebracht über die Untreue
ihrer Weiber; oft waren fie von deren Liebha-
bern die beften Freunde; und was die Aehnlichkeit der Sitten am auffallendften macht; die recht-
fchaffenften Männer unter ihnen, waren am meiften der Untreue ihrer Weiber ausgefetzt. — Die
berühmteften Männer Roms können unfern ge-
plagten Ehemännern zum Beifpiele dienen.

Julius Cäfar war ohnftreitig der erfte Römer.
In der vollen Reife feines Alters — fchön — Beherrfcher eines Freiftaates — Held — geliebt von
allen Weibern — und doch weifs die Welt von
dem Liebesabentheuer feiner Gemahlin Pompeja
mit dem Clodius; man bewundert die Feinheit,
mit welcher Cäfar, der nicht mit Clodius Feind-

T 3

fchaft haben wollte, fich aus diefem Handel zog.
Er fchied fich von ihr, doch erklärte er fie für
unfchuldig.

Und Cäfar's grofser Nebenbuhler, Pompejus —
als er in feinem 25ten Jahre zurück kam aus dem
Kriege gegen den Mithridates, und feiner Gemahlin Mutia vertrauten Umgang mit Julius Cäfar
erfuhr, that er nicht das Nämliche? und fah man
ihn nicht, kurze Zeit darauf, fich aufs genaueste
mit Cäfarn verbinden? Der einzige Unterfchied
zwifchen beiden grofsen Männern war blos der,
dafs Pompejus in feiner Abwefenheit von
feiner Gemahlin hintergangen wurde, Cäfar aber
in feiner Gegenwart, bei einem glänzenden
Fefte.

Mark Anton — der berühmte Triumvir — bekannt von feinem feltenen Glück bei den Weibern — war Zeuge von feines erftern Weibes treu-
lofem Verftändnifs mit Dolabella; und doch lebte
er mit ihm in der engften Freundfchaft. — Er
kannte feiner zwoten Gemahlin, Fulvia, Leidenfchaft für Auguft, ach! und wie fehr wurde er nicht

von **Kleopatra** hintergangen? Wer kennt
nicht der Aegyptifchen Königin geheimen Zufam-
menkünfte mit Dellius, dem Freund und Vertrauten des Antonius?

Des grofsen Brutus Vater fah ruhig feiner Gemahlin, Servilia, Liebfchaft mit Cäfar zu — und
vor feinen Ohren nannte man öffentlich den Brutus, Cäfars Sohn; und Servilia war des ftrengen
Cato leibliche Schwefter! Doch endigte fich diefe
Liebe erft durch den Tod, und mitten unter taufend andern Verbindungen, die Cäfar knüpfte,
und wieder zerrifs, hielt er doch Servilien eine
ausdauernde Treue.

Lucullus, deffen Gröfse der Seele; deffen
fanftes Herz und deffen Freigebigkeit noch von
Niemanden übertroffen wurde, traf ihn nicht
das nämliche Schickfal mit feiner Gattin Klaudia?
mit ihr, die ihre Schändlichkeit fo weit trieb,
dafs fie fich ihrem eignen Bruder dahingab — und
dies fo öffentlich, fo ungefcheut, dafs es Niemanden ein Geheimnifs blieb.

Sein Vater war nicht glücklicher, als er.
Man kennt den Grad von Ausschweifungen, zu
denen es Lucullus Mutter trieb, und es bedurfte
aller Verdienste des Sohnes, um nicht den Glanz
seiner schönen Handlungen zu verdunkeln.

Ich würde nicht enden können, wollt' ich
all die Beispiele anführen, die uns die alte Ge-
schichte von Weiberuntreue liefert; doch mitten
unter all dieser Verdorbenheit von Sitten — findet
man auch Frauen von so erhabener Tugend,
daß sie viele der Flecken wieder hinwegwaschen,
mit denen die anderen ihr Geschlecht entstellten.

In Oktavien, der dritten Gemahlin des Antonius, und Augusts Schwester, glänzt so ein schöner, so erhabener Karakter hervor; — ihrer Reize,
ihrer Anbeter so grosse Anzahl, ihres Gatten Untreue — alles lud sie zu gleichen Thaten ein; —
aber nichts war vermögend, sie einen Augenblick
von ihrer Pflicht abzuwenden. Livia, Augusts
Gemahlin — unumschränkte Beherrscherin des
Reiches und seiner selbst — sie, durch deren Augen er nur sah, mit deren Ohren er nur hörte —
war unerreichbar von den Pfeilen der Lüsterung.

War nicht Cornelia's, des Pompejus letzter
Gemahlin, Treue und Anhänglichkeit an ihrem
Gatten fo grofs, dafs fie der Gegenftand allgemeiner Bewunderung war? und mit Recht fagt
man von ihr, fie fey noch gröfser, als ihr Gemahl, und als deffen Ueberwinder. Und welch
ein Mufter von Weibe ftellt uns Portia, Brutus
grofse Gemahlin dar? Ha! und wer könnte wohl
aus Roms erftern Zeiten — Lukretiens feltenen Aufopferung vergeffen?

Dies der nämliche Fall bei den deutfchen
Weibern; und taufend Beifpiele würden hier auch
für fie ftreiten. Ueberall tadelt die Schmähfucht
ihren Hang zur Galanterie. — — O, lest die Gefchichte, ftudiert die Sitten der alten Völker, und
ihr werdet finden, dafs ihre Frauen weit weniger
gewiffenhaft waren, als die unfrigen; und ihr,
fchöne Zeitgenoffinnen! — der einzige Dank, den
ich dafür fordere, dafs ich mein Gefchlecht über
den Verdrufs getröftet habe, den eure Flatter-
haftigkeit ihnen bisweilen macht, ift — fahret
fort, gefällig zu feyn, und gebt mir öfters Gelegenheit, euch zu vertheidigen!

Clio.

Züge von Graufamkeit und Edelmuth,

*In den Gefängniſſen zu Paris während der Tirannei des Robespierre. *)*

Unter den Graufamkeiten, die in jener fchrecklichen Epoche, an der Tagesordnung waren,
nimmt die Behandlung der Gefangenen einen
der erſten Plätze ein.

Unerhört iſt die Nachläſſigkeit, mit der in
den meiſten Gefängniſſen, vorzüglich die Kran-

---

*) Gezogen aus dem Tableau des Priſons de
Paris Tom. I — IV. Bruchſtücke eines gröſſern
Auszugs, der nächſtens im Verlag dieſes Ta-
ſchenbuches erſcheinen, und, nach dem hier
angenommenen Maasſtabe, aus jenen ſo wichtigen Urkunden des franzöſiſchen Revolutions-
Charakters nur die intereſſanteſten Züge ent-
halten ſoll; da das Ganze für Deutſche nicht
durchgängig unterhaltend, ſondern oft ermü-
dend ſeyn dürfte.   D. R.

ken, behandelt wurden. Aufgehäuft, je zwei
und zwei, auf elenden Bettstätten, waren sie ganz
das, was das menschliche Elend nur Beklagens-
werthes aufweisen kann. Ihre Aerzte würdigten
sie kaum, sie um ihre Krankheit zu befragen. Sie
hatten eine oder zwei Tisanen, die sie für jeden,
und in allen Krankheiten gebrauchten, und die
noch dazu mit einer unverzeihlichen Nachläßig-
keit eingegeben wurden. Es war der Mühe werth
zu sehen, mit welchem Verdruss und Leichsinn
sie ihre Visiten machten. Ein Beispiel nur! —

Eines Tags näherte sich einer dieser Aerzte —
es war der Chef der übrigen — einem Bette; — er
befühlt dem Kranken den Puls — „ ah " sagt
er — er ist heute viel besser als gestern. "

„ Ja Bürger Doktor! — antwortete der Kran-
kenwärter, er ist viel besser als gestern, aber es
ist nicht der nämliche; der gestrige Kranke ist
gestorben, und dieser hier ist an seinen Platz
gekommen " — „ Ah! das ist etwas anders — sagte
der Bürger - Dokter — Nun wohl, man macht ihm

Eine, diefer gleichkommende Nachläfsigkeit zeigte lich bei dem Gefangennehmen. Die Schreiber, Häfcher, und alle die Subalterhen des Revolutionstribunals beftanden meift aus Leuten, die nicht lefen konnten, und dahero in den Liften die Namen der Unglücklichen verftümmelten und falfch ausfprachen. Keines von den Todesurtheilen war orthographifch richtig gefchrieben, voll falfcher Wortfügungen, und uneigentlicher Ausdrücke. Oft empfieng einer einen Arreftbefehl, welcher für einen andern beftimmt war, und der Gerichtsdiener begnügte fich, wenn das Glück noch fo günftig war, den Namen auszuftreichen, und den andern dafür hinzufetzen. — Die ehemalige Herzogin von Biron beftieg mit einer Anklagsakte das Schaffot, die für ihren Gefchäftsverwefer beftimmt war.

Oft wurden bei Trinkgelagen, aus blofer luftiger Lauhe, Arreftbefehle ausgeftellt. Weiber haben mitten unter wildem bacchantifchen Gefchrei und Lachen, ihre Anklagen diktiren hören; — ,,Eh! fetzen wir fie mit zu ihrem Mann!"

fchrieen die Trunkenen, und das Schlachtopfer
ward geliefert.

Oft wurde man blos darum ins Gefängnifs
gefetzt, weil man des Verdächtigfeyñs verdächtig
war. (Sufpeĉt d'etre fufpeĉt.)

Ein junger Menfch von 25 Jahren, der niemals verheirathet war, wurde zum Tode verur-
theilt, dafs er einen emigrirten Sohn habe, der
die Waffen gegen das Vaterland trüge.

Die Bürgerin Maillet wurde 'aus Verfehen,
anftatt der Bürgerin Maillé, aus dem Gefängnifs
Lazare geführt, und vor das Blutgericht gebracht.
Die Unglückliche wurde hingerichtet, obgleich
der Irrthum noch an den Tag kam. ,, Sie würde,
hiefs es — wahrfcheinlich in kurzen doch daran
kommen, es wär' alfo all eins, ob es heute ge-
fchehe, oder ein andermal.''

Und fo wurde aus blofer Namenverwechslung,
oft der Bruder für den Bruder, die Mutter für die
Tochter, der Vater für den Sohn, zum Tode ver-
urtheilt. — Ach! wem fällt hier nicht die Ge-

der Vater sich für den Sohn hinrichten liefs?

Man verlangte einst einen gewiffen Vermantois, einen Kanonikus von Charters. Niemand erscheint, —Niemand war Kanonikus gewefen. „ Ich muſs einen Kanonikus haben!‘‘ wiederholte ohne Aufhören der Abgeſandte des Fouquier, (des berüchtigten öffentlichen Anklägers.) Endlich, nach langem Suchen, entdeckt man einem gewiffen Coulet Vermantois, ehedem Soldat. — Man überreichte ihm das Anklagedekret — Er hatte niemals mit einer Domkirche eine Gemeinschaft gehabt. — ''Thut nichts!'' —Man führt ihn hinweg, um sich bei dem öffentlichen Ankläger zuverantworten. Er wurde den Tag darauf hingerichtet.—

Oft wurden die nach Paris gebrachten Gefangenen — fo wie, wenn man auf der Reife in eine Stadt kömmt, und bisweilen von Wirthshaus zu Wirthshaus fahren muſs — von einem Gefängniſs vor's andere geführt, und muſsten, wegen der übermäſsigen Menge der ſchon Eingekerkerten, —nach mehr als drei Stunden Herumfahrens — 'm Ende noch froh feyn, wenn fie in einem aufgenommen wurden. — Gott! — froh feyn müffen, in ein Gefängnifs kommen zu können! — Und wirklich läfst fich das denken, wenn man erwägt, dafs Gefangene (wie z. B. einer in der Concier_gerie) 149 Stunden, ohne vom Platz aufzuftehen, in einem elenden Wagen gefeffen hatte.

Der Graufamkeiten auf dem Wege zum Richt-platz waren eine fchauerliche Menge. Müttern wurden ihre Kinder von der Bruft geriffen, und die kleinen Unglücklichen verfchmachteten, aus Mangel an Nahrung. Einige Weiber ftarben auf dem Todeskarrn und man guillotinirte ihre L e i c h-n a m m e. Andere wurden f c h w a n g e r zum Tode gefchleppt; eine Lage des Weibes, für die auch die wildeften Nationen Ehrfurcht haben. —

Was nur die Natur liebenswürdiges hatte, fah man oft in Einer Lieferung. 14 junge Mäd-chen von Verdun, von einer Sittenreinheit ohne Beifpiel, wurden mit einander hingerichtet. Sie hatten das Anfehen von Jungfrauen, zu irgend einem Volksfefte gefchmückt. Sie verfchwanden mit Einemmale und wurden in ihrem Frühlinge

hinweggemäht. Der Hof der Frauen im Gefäng-
nifse glich, den Tag nach ihrer Hinrichtung, einem Blumen-Parterre, wo der Sturm die Blumen hinweggeriffen hatte. —

So fand fich unter den Schlachtopfern des
Todes auch ein 90jähriger Greis von Sarlouis.
Er war fo taub, und verftand fo wenig franzö-
fifch, dafs er bei feiner Verurtheilung nicht einmal wufste, wovon die Rede war. Er fchlief
bei feinem Verhör ein, und wachte nicht eher
auf, als bis man ihm fein Todesurtheil vorlas,
das er aber eben fo wenig verftand, wie all das
übrige. Man machte ihn glauben, dafs man ihn
in ein ander Gefängnifs führe, und er glaubte
es. Diefer Greis — o! er hätte, mit feiner pa-
triarchalifchen Würde, eher die Verehrung von
künftigen Generationen verdient, als vor Henkern
zu erfcheinen!

Nicht wenig trugen auch die Nahrungsmittel in den Gefängniffen bei, die Qualen
der Eingekerkerten zu vermehren; und nichtfel-

ten waren die Klagen, dafs das gesalzene Fleisch
von Guilliotinirten fey. *)

Und nicht nur in den öffentlichen Gefäng-
nifshäufern zu Paris, hatte der Schrecken
die Menschlichkeit verbannt; auch in den Gefängniffen der Departementer machte man fich
ein Spiel damit, die Bürger zu quälen, welche
die Laune eines Tirannen oder deffen Agenten
hinein gebracht hatte. Zu Verneuil fiel es einem
elenden Schuhflicker, einem Mitgliede des Re-
volutionsausfchuffes ein, 3 Schweine mit Arreft
zu belegen, um den Gefangenen Gefellfchaft zu
leiften, das Gras im Hofe abzufreffen, und das
Gefängnifshaus mit ihrem Unrathe zu verpeften.
Eines diefer Thiere verwundete fich am Fufse;
man fah', dafs es blutete. Alsbald ward der Re-
volutionsausfchufs davon benachrichtigt — er begiebt fich ins Gefängnifshaus, hält ein Protokoll

U 3

---

*) Wirklich hatte die Polizei damals diefes
fchreckliche Hülfsmittel verordnet, und der
graufame Kerkermeifter Hali nannte es eine
Schüffel von einem Ehemaligen (un Plat d'un
cidevant) und wollte fich bald todtlachen.

darüber ab, in welchem bemerkt wird, daſs die
Gefangenen das Schwein aus contrerevolutioniſti-
ſchen Abſichten geſchlagen hätten.

Das Comité ſtellt eine ſehr ernſtliche Aus-
ſuchung an, um die Urheber dieſes Complots zu
entdecken. Die Nachforſchungen ſind vergebens.
Das Comité formirt ein Tribunal — es werden
Geſchworne ernannt, um über das Verbrechen
ein Urtheil zu fällen. Die Erklärung der Geſchwor-
nen geht dahin, daſs es erwieſen ſey, daſs das
Schwein verwundet wäre, indem es auf Glas-
ſtücke im Hofe getreten. Glücklicher weiſe blieb
nun die Sache dabei; die Schweine verſchwanden
und machten Pferden Platz, die ein anderes Mit-
glied des Rev. Ausſchuſſes in den Hof ſtellte.

Schwer wär' es, ſich die Unmenſchlichkeit
dieſer Rev. Ausſchuſsmitglieder vorzuſtellen; ſie
waren meiſtens in einem fortdauernden Zuſtand
von Trunkenheit, und nur immer Beſchimpfun-
gen waren es, mit denen ſie die Gefangenen an-
redeten.

Unter allen Schlachtopfern aber, die auf dem
Blutgerüfte umkamen, hat keines eine fo lang e
und fo fchmerzhafte Todesangft ausgeftanden, als
der unglückliche Bailly. Diefer edle Bürger, den
die Wiffenfchaften beweinen, ward durch Chau-
mette den Räubern feiner Gemeinde angegeben,
aus feiner Wohnung geriffen, in die Conciergerie
gebracht, und den Mördern des Rev. Tribunals
übergeben, die den einzigen Tugendhaften und
Unfträflichen unter den Magiftratsperfonen, welche Paris hätte, zum Tode verdammten. Schand-
buben und Tiger klatfchten dem Urtheilsfpruche
Beifall zu. Die Henkersknechte bemächtigten fich
des grofsen Mannes, und banden ihm die Hände
auf den Rücken. So liefs man ihn den fatalen
Karrn befteigen — man fchleppte ihn langfam über
das Marsfeld, wo das Inftrument des Todes errichtet war. — Es ift unmöglich, alle die Qualen
zu erzählen, die man ihn während diefer langen
Fahrt erdulden liefs. Man fpie auf ihn, man be-
deckte ihn mit Koth — einige wüthende Menfchen
näherten fich fogar, um ihn zu fchlagen.

Selbſt die Henkersknechte waren darüber aufgebracht. — Ein kalter Regen, der von der Seite
ihn peitſchte, vermehrte noch das Schauerliche
ſeiner Lage. Man hatte eine rothe Fahne an den
Wagen gebunden; die Kannibalen machten ſie
los, tauchten ſie in den Gaſſenkoth und ſchlugen
ſie ihm mit voller Gewalt ins Geſicht. Er war
faſt unkennbar.

Auf dem Marsfeld wurden neue Qualen für
ihn bereitet. Der Pöbel fand, daſs ſeine Strafe
noch nicht lang genug ſey, und nöthigte ihn, ·
vom Wagen zu ſteigen, und zu Fuſs einen Gang
um das Marsfeld zu machen. Nachdem dieſer
ſchreckliche Spaziergang zu Ende war, erdach-
ten die Kannibalen, die an dieſen Leiden noch
nicht genug hatten, neue; ſie verlangen, daſs die
Henker die Guillotine Stückweiſe aus einander
nehmen, und ihn zwingen ſollen, das Schaffot
auf einen Haufen Unrath an das Ufer der Seine
zu tragen. Die Ungeheuer — Schande des franzöſiſchen Namens! — wollen ihn nöthigen, auf ſeinen Körper, von Müdigkeit und Schmerzeu er-

fchöpft, die·dicken Bretter des Todesinftruments
zu tragen.

Diefes Uebermaafs von Unmenfchlichkeit über-
ftieg gänzlich die wenigen Kräfte, die dem unglücklichen Bailly übrig blieben ; er fällt zur Erde
ohne Befinnung. — Jetzt hat er den Gebrauch feiner Sinne wieder bekommen — er fieht die Menge
mit einer wilden Freude zu feiner Schreckensangft
lachen. Die Henker laden nun die Stücke des
tödlichen Inftruments auf einen Karren, und Bailly mit Schimpfreden bedeckt, mufs warten, bis
das Schaffot für ihn errichtet ift. —

———

So hervorragend grofs das Lafter in diefer
Greuel-Epoche war, fo hoch hob fich auch die
Tugend hervor; fie erzeugte Thaten, die, ohne
jene fchreckliche Veranlaffung nicht hervorgegan-
gen wären, und die nur beinahe der gallifche
Feuergeift und Enthufiasmus hervorzubringen vermögen. Hiervon einige Beifpiele:

Der Bürger Boivin, Weinhändler, war an-
geklagt und wurde losgefprochen. Er kömmt ins

Gefängniſs zurück und überbringt die glückliche
Neuigkeit, aber — „ich bin nur mittelſt Caution
frei geſprochen — ſetzt' er hinzu — man verlangt
1000 Thaler von mir; ich hab ſie nicht, — ich
wollte für eine weit gröſsere Summe eine Ver-
ſchreibung ausſtellen — man hat es nicht angenommen. Ich bin ins Gefängniſs zurückgekehrt, und muſs da bleiben, bis ich die verlangte Summe ſchaffen kann. " Logette, ein Han-
delsmann, ſieht ſeine Verlegenheit. „Es fehlt Ihnen zu Ihrer Befreihung weiter nichts als dies —
ſagt' er — da ſind die Tauſend Thaler — gehen
Sie, genieſsen Sie des koſtbarſten Guts, der Freiheit!— " Erlauben Sie wenigſtens, daſs ich Ihnen
einen Schein darüber ausſtelle — " Nein, nein,
das Wort eines ehrlichen Mannes iſt mir genug."—

Die Thränen des Dankes ſind des Wohlthä-
ters Belohnung. Sie umarmten ſich einander und
Logette ſchien während der ganzen rührenden
Szene, der zu ſeyn, der die gröſste Verbindlich-
keit habe.— Indeſsen hatte ſich die Nachricht von
Boivin's Verlegenheit im ganzen Hauſe verbrei-

tet; fie kömmt bis zum ältern Vanhove, der eben mit Fleuri (beides bekannte französische Schaufpieler) eine Parthie Piket fpielte. Er zieht fein Portefeuille heraus und fchreit: ,,was bin ich glücklich! — — ich kann die Summe zufamen machen; ich hab' ohngefehr 4500 Liv. — 1500 werden mir hinreichen auf die Zeit, als ich noch gedenke im Gefängnifs zu feyn, — wo ift er? wo ift Boivin? — Er läuft, um fie ihm anzubieten — Boivin ift fchon fort — Vanhove hört, dafs Logette ihm zuvorgekommen ift, und tröftet fich damit, dafs noch ein Menfch im Gefängniffe war, den das Glück in die Lage gefetzt hatte, Unglücklichen Hülfe zu leiften.

Einen auffallenden Zug französischer Denkungsweife gab der Bürger aborde im Gefängniffe zu Port Libre. Er hatte den Morgen einen Streit mit einem feiner Kammergenoffen; der Gefängnifswärter kömmt dazu, als die Partheien eben ihren Zank endigten. Sie umarmen fich, und alles ift vorbei. Um 3 Uhr des Nachmittags wird Laborde zum Auffeher des Gefängniffes gerufen.

Ein Gensd'arme bemächtigt fich feiner, und führt
ihn vor das Polizeitribunal. — — Als er im Saal
des Tribunals ankommt, fieht er einen Schneider,
mit dem er fchon lange zuvor, wegen eines zu
hohen Conto, einen Streit gehabt, und dem er
ftatt der Bezahlung, einem Tritt vor den Hintern
gegeben hatte; Laborde hatte Schneider und Fufs-
tritt, vergeffen. Die Sache war fchon vor dem
Friedensrichter gewefen, welcher fie mit Com-
penfation der Unkoften entfchieden hatte. Der
Schneider glaubte, es fey ihm Unrecht gefchehen,
und hatte Lab. während deffen Gefangenfchaft
wieder verklagt. Die Sache wurde vorgenommen,
und Laborde losgefprochen. ,,.Bürger! fagt' der
Präfident zu ihm — ihr feyd frei.'' Der Gensdarme
öffnet die Schranken, nimmt ihn bei der Hand,
und heifst ihn fortgehen.

,, Aber Bürger! — fagt Lab. — ich war nicht wegen des Fufstrittes im Gefängnifs '' — ,, Das geht
uns nichts an — antwortet ihm der öffentliche Ankläger. Doch einer der Zeugen fragte ihn nach
feines Verhaftes Urfache. — ,, Ich war als ver-

dächtig arretirt. "— „Ja, wenn die Sache fo
ift, antwortet jetzt der Präfident, fo fetzt an den
Rand des Urtheils, dafs, dieweil der Bürger Lab.
erklärt hat, wegen Verdachts in Arreftzuftande
zu feyn, er wieder den Händen des Gendarmes
zu überliefern, und zurück in das Haus von Port-
libre zu bringen fey." — Welches auch gefchah.

Was Geiftes- und Körperftärke oft im ent-
fcheidenden Augenblicke vermag, zeige folgendes
Beifpiel!

Ein Hufaren - Obrifter, Sohn eines Tuchhänd-
lers zu Befançon, — ein junger Mann von einer
fchönen grofsen Figur, ftark gebaut—fchwarzes
Auge, nervigte Glieder, Adlernafe — wird vors
Blutgericht gefordert; er fteigt ftolz die Treppe
herab, nimmt munter von allen Abfchied und
geht, die Offiziere von feinem Corps aufzufuchen,
mit denen er war nach Paris gebracht worden.
Da er fie nicht bei dem fatalen Karren findet,
weigert er fich hinauf zu fteigen, verfichert, dafs
es ein Irrthum feyn müffe, und dafs, weil feine
Kammeraden nicht mit gerufen worden, er auch

nicht gemeint fey. Ein Gendarme befteht darauf; der junge Mann ftöfst ihn herzhaft zurück. Es nähern fich mehrere; er wirft fie zu Boden. Er ift glücklich genug, bei dem Karren eine lange eiferne Stange zu finden, deren er fich zum bewundern bedient. Er haut fo nachdrücklich damit um fich , dafs man fich entfchliefst, die ohnedies fchon vollen Karren abfahren zu laffen , und ihn wieder in feinen Kerker zu fperren , bis man ihn holen würde. Er wird 3 Tage lang vergeffen, und der 10te Thermidor (der Sturz Robespierre's) gab ihm Leben und Freiheit wieder.

Der Mangel an mehr Raum machte einige der intereffanteften Züge noch zurückbleiben, und wir verweifen deswegen die Lefer auf die oben angekündigte deutfche Schrift.

Szenen aus dem französischen Kriege

mit

Erklärung der Kupfertafeln.

I.

Stellt das bunte tragisch- komische Gewühl einer Flucht vor den eindringenden Franken vor. Die Szene mag wohl zu Mainz, am Rheine seyn. Aus dem Thore strömt die bestürzte Menge — eins drängt das andere — die meisten beladen mit dem, was ihnen von ihren Schätzen am theuersten, am liebsten ist; — man besteigt kleine Jagden und Nachen und schwimmt damit den Rhein hinunter. Hausväter suchen ihre Töchter, Männer ihre Frauen in Sicherheit zu bringen, um die deutsche Keuschheit vor der französischen Freiheit zu verwahren. Schon beginnt, nothgedrungen, gallische Freiheit und Gleichheit zu herrschen; Pfaffen und Juden, Herr und Diener, Frau und Magd, Liebhaber und Geliebte, sitzen in enger Eintracht, und lassen sich vom Lande stossen.

(*)

2.

liefert, allem Anfchein nach, ein Gemälde des ehemaligen Maihzer Clubs, während Cüftin's Regiment. In dem prächtigen churfürftlichen Marmorfaale, wo ehedem eine ftattliche Menge glänzender Kronleuchter die prächtigften Hoffefte und Conzerte beleuchtete ; ift jetzt ein Freiheitsbaum aufgepflanzt, eine Pike mit einer rothen Kappe neben einem Rednerftuhl geftellt. Durch errichtete Schranken find die Zufchauer von den handelnden Perfonen abgefondert; der Zuhörer gröfster Theil fcheint jedoch oben auf der Gallerie, rund um den Saal herum zu feyn, und den Debatten der unteren Region zu laufchen.

Dem Declamateur auf, oder vielmehr—hier, einem kleinen Verftofs in der Zeichnung zufolge — hinter der Rednerbühne, fieht man an den Gebährden den Enthufiasmus an, mit dem er fpricht. Es ift gerade in dem Augenblicke, wo einige durch Cüftin's Rückzug verwundete fränkifcheKrieger durch den Saal getragen werden.

Unter der Bühne ift der Tifch der Secretaire; die vorübergehende feierliche Szene hält den Lauf ihrer Federn zurück.

3.

mahlt eine Clubbisten- Prozeſſion, beim Schall der
türkiſchen Muſik. Den Zug eröffnet — den 2 Uhr-
ketten nach — ein junger Elegant, der den Freiheitsbaum, mit einer rothen Kappe verziert, trägt;
ihm folgt der Anführer; — ſtatt des Degens, ſcheint
er einen Degenſtock zu haben, und den Takt damit zu geben. Die nächſten nach ihm ſind : ein
Pfaffe, und ein Jude — was doch die Revolution
nicht alles vermag! — in brüderlicher Eintracht;
dann die übrigen in bunter Vermiſchung; alle mit
ihrem Geſellſchaftszeichen im Rockknopfloche. —
Der Endzweck der Feierlichkeit ſcheint die Hin-
wegräumung eines alten ariſtokratiſchen Denkmals
zu ſeyn ; wenigſtens zeigen das die dabei ſtehenden
Männer mit Hammer und Zange. —

4.

bezieht ſich auf eine Anekdote im fränkiſch-deut-
ſchen Kriege. — Ein Reiter ertappt ein Mädchen,
das ſo eben im Begriff zu flüchten iſt; er hält die
Schöne an, und da er ſie ein Päckchen unter die
Kleider verbergen ſieht, läſt er ſie ganz ausziе-
hen. Jetzt durchſucht er die Haabe, und heiſst der
Schönen indeſs ſein Pferd halten. Doch das kühne
Mädchen nützt den Augenblick, und während
der Soldat ſich mit ihrem Reichthume beſchäftigt,

fchwingt es fich auf deffen Pferd , und jagt — die
Gefahr verfcheuchte hier die jungfräuliche Schaam
— gewandlos, all ihre Reize der freien Natur blos
gegeben, davon. — Der Reiter behält jetzt nichts
als das Nachfehen, und —ein PaarMädchenhemden.

5.

Zeigt einen deutfchen Freiheitsprediger in der
berühmten Cüftin'fchen Epoche. Der Held fteht
da, im Dunkel der Nacht, nur von Fackelfchein
und flammenden Sternen erleuchtet; ein fchlich-
ter hölzerner Stuhl dient zu feiner Kanzel. Neben
ihm fteht der Freiheitsbaum. — Das Feuer feiner
Rede ftrömt aus Mund, Aug' und Händen; dafs
aber dem ohngeachtet, einige luftige Paare, ohne
darauf zu achten, nach dem Takt der fränkifchen
Mufik, und des, Fufs und Geift hebenden ça ira'
in traulichen Gruppen vor ihm herumtanzen, fo
wie die unzüchtige Stellung der an dem Predigt-
ftuhl ftehenden Hunde, mag der Künftler verant-
worten. Die fchönen hohen Formen der beiden,
fich umfchlingenden und zuhörenden Nationalgar-
den machen dafür dem Bildner defto mehr Ehre.

Zeichnung und Stich von diefem Blatt find
von dem bekannten und gefchickten Künftler Küff-
ner, und geben feinem Grabftichel das hefte
Zeugnifs.

Die Grazien.

Kurze Einleitung.

Ist irgend der Einfluß und die Einmischung der drei holden Schweſtern nothwendig und wohlthätig, ſo iſt es bei den jugendlichen kleinen Spielen in geſellſchaftlichen Zirkeln. Wo hier die Grazien ſich wegwenden, muß es auch jedes unbefangene unverdorbene Mädchen. — Nur die Grazien müſſen hier herrſchen. — Bei jedem Pfänder- und Kußſpiele, bei Räthſeln u. Sprüchwörtern muß ihnen auf ihrem Altar der Weihrauch dampfen, nur ſie müſſen den Kuß der Weihe aufdrücken; ſonſt arten die Spiele des Vergnügens in Bachanalien, die [Bildung zu guten Sitten in Sittenloſigkeit aus.

Gesellschaftliche Spiele.

I. *Papageno.*

Die Perfon, die den Papageno vorftellt, ift
im Nebenzimmer. Jeder wählt fich mit Wiffen
der Uibrigen einen Vogel, und Pagageno wird nun
mit verbundenen Augen in den Kreis geführt, welcher einigemal um ihn herum tanzt, auf das mit
einem Pfeifchen oder dem Munde von Papageno ge-
gebene Zeichen aber plötzlich ftille fteht. Diefer
ftreckt nun willkührlich feine Hand aus, und ftellt
durch den geöffneten Zeige- und Mittelfinger den
Kloben vor, worein er das Vögelchen lockt, auf das
er hindeutet. Es hüpft zu ihm und legt einen feiner
Finger zwifchen die beiden geöffneten, die Papageno fogleich fchliefst und nun das Vögelchen
gefangen hat. Freudig ruft er aus: Ein Männ-
chen! — oder — ein Weibchen! um anzudeuten,
ob er einen Herrn oder eine Dame gefangen

habe. Hat er ſich geirrt, ſo reiſſt ſich das Vögelchen wieder los , und der Kreis dreht ſich wieder. Papageno pfeift, und er ſteht ſtill. Erräth er
nun das Geſchlecht des Gefangenen, ſo legt er ihm
folgende drei Fragen vor: Wie grofs biſt du?
wie ſiehſt du aus? wie ſingſt du ? Der Befragte
antwortet. Wenn nun Papageno auch den Vogel
erräth , ſo mufs dieſer an ſeine Stelle; wo nicht,
ſo mufs er es ſo lange verſuchen, bis es ihm gelingt. .

2. *Die Reiſe nach Hamburg.*

Die Geſellſchaft ſezt ſich in einen Halbzirkel ,
der Reiſebeſchreiber demſelben gegenüber; ſo oft
dieſer Hamburg nennt, müſſen ſich alle bücken;
wer es verſäumt, giebt ein Pfand. Um die Geſellſchaft zu necken und viele Pfänder zu gewinnen, nennt der Reiſebeſchreiber ſolche Oerter,
die ſich ohngefähr wie Hamburg anfangen; als:
Ham, Haag, Hanover, Harlem u. ſ. w. Es ver-
ſteht ſich, dafs die jedesmalige Wahl des Haupt-
wortes vom Reiſebeſchreiber abhängt. Der auch
unter der Geſellſchaft verſchiedene Namen; als:
z. B. Wirth, Keller, Mädchen, Kutſcher &c. aus-

theilen kann , und fo oft er ein einzelnes nenut,
mufs diefes fich bücken , fo oft er aber *das Haupt-
wort* der Stadt nennt , alle zugleich entweder fich
bücken, aufftehen, oder gar alle ihre Plätze ver-
wechfeln ; wer nun eines oder das andere unterläfst,
giebt gleichfalls ein Pfand.

3. *Das blinde Rathen und Küffen.*

Man verbindet einer Perfon , die das Loos beftimmt, die Augen, und fezt fie auf einen Stuhl.
Ift es eine Mannsperfon, fo küffen ihn die Frauenzimmer der Reihe nach; erräth er die Küffende
nicht, fo bekommt er von dem neben ihm ftehenden gewiffenhaften Wächter einen Schlag; erräth
er fie, fo fezt fich diefe an feine Stelle, und wird
nun von den Mannsperfonen geküfst ; jedoch mit
dem Unterfchiede, dafs fie bei jedesmaligem Fehl-
rathen dem Wächter zur Strafe einen Kufs giebt.

4. *Der Zeitungsfreund.*

Die Gefellfchaft beftimmt in einem Spiele Karten, zwei, wovon eine der Zeitungsfreund, die
andere der Zeitungsbote ift. Die Karten werden

vertheilt und ſo die beiden Hauptrollen angewie-
ſen. Der Zeitungsbote läſst ſich von jedem Gliede
der Geſellſchaft eine Neuigkeit ins Ohr ſagen,
die er alsdann im gewöhnlichen Zeitungsſtile vor-
trägt. Dieſer merkt ſich unter allen eine aus,
und fodert den erſten Mittheiler derſelben auf, ſich
zu melden, und ſeinen Platz einzunehmen. Er
ſelbſt wird Zeitungsbote und der bisherige miſcht
ſich unter die Geſellſchaft.

5. *Der Rathsherr.*

Jeder von der Geſellſchaft wählt ſich ein Amt
oder eine Beſchäftigung, über welche der Rathsherr zu gebiethen hat, Z. B. einen Schreiber,
Rathsdiener, Büttel, deren Weiber u. ſ. w. Der
Rathsherr hat das Recht alle zu dutzen, welches
dieſe mit Sie erwiedern müſſen, wobei zu bemerken iſt, dáſs jeder: „das hab’ ich nicht gewuſst“
in ſeine Antworten flechten muſs. Wer fehlt,
giebt ein Pfand.

6. *Ich bin böſe.*

Einer ſteht aus dem Zirkel auf, hält ein Tuch
in die Höhe, und ſpricht: Ich bin böſe. Die Ge-

fellſchaft fragt: auf wen? und er antwortet, indem er einem ſein Tuch um den Hals wirft: auf dich! Der geworfene fragt: warum denn? darauf giebt jener eine Urſache an; kann er das nicht, ſo erlegt er ein Pfand. Der Geworfene wirft nun das Tuch jemand anderm zu, mit den Worten: Dafür kann ich nicht; aber ich bin böſe auf dich! u. ſ. w. Giebt einer eine Urſache an, die ſchon da war, ſo koſtet es ihn ebenfalls ein Pfand.

7. Das Körbchen.

Es geht im Zirkel herum. Jeder überreicht es dem andern, aber nicht der Reihe nach, unvermuthet und ſchnell, mit den Worten: Da haſt du mein Körbchen, was willſt du mir hinein geben? — Erfolgt nicht ſogleich eine beſtimmte Antwort, oder fehlt erſterer gegen die Vorſchrift, ſo wird ein Pfand gegeben.

8. Der Vogelſteller.

Einer aus der Geſellſchaft ſchreibt die Namen der übrigen auf ein Blatt, und erſucht jeden, ihm den angenommenen Namen eines Vogels heimlich

mitzutheilen; diefen fchreibt er zu feinem eignen,
und verbirgt das Papier. Dann nennt er feine
Vögel; aber nicht der Reihe nach, und fragt jeden: Welchem Vogel fchenken Sie ihr Herz?
welchem vertrauen Sie Ihr Geheimnifs? und welchem möchten Sie die Federn ausrupfen? Jeder
beftimmt nach der Frage feinen Vogel. Dies fchreibt
fich der Vogelfteller auf ein befonderes Blatt.
Ift er den Zirkel durchgelaufen, fo lieft er diefes
Blatt laut vor. War nun einer fo glücklich, fein
Herz einem Frauenzimmer zu fchenken, fo belohnt ihn diefe mit einem Kuffe. Sein Geheimnifs fagt er dem Aufgeforderten ins Ohr. War
der, dem er die Federn ausreifsen möchte, eine
Mannsperfon, fo giebt diefe ein Pfand; war es
ein Frauenzimmer, fo erlegt er eines. Wer bei
vorgelegter Frage aus Vergeffenheit fich felbft,
oder einen Vogel nennt, der nicht in der Gefellfchaft ift, giebt ebenfalls ein Pfand.

9. Das Alphabet-Spiel.

Einer aus der Gefellfchaft fängt z. B. fo an:
Meine Freundin gefällt mir, weil fie artig ift.

fie fpeifst gern A u ſt e r n und wird nächſtens nach
A n t w e r p e n reiſen, wohin ſie ihr Liebling,
ihre geſchwätzige A z e l begleiten wird. Und ſo
wird in der Reihe herum, erſt durch jeden Buchſtaben und dann durchs ganze Alphabet fortge-
fahren. Man ſieht aus dem Beiſpiele, daſs das erſte Wort eine Eigenſchaft, das zweite ein Eſs-
werk, das dritte einen Ort, und das vierte ein
Thier andeuten muſs; wer dagegen oder gegen
die Rechtſchreibung fehlt, giebt ein Pfand.

10. *Das Meſſer.*

Wenn eine Geſellſchaft bei der Mahlzeit am
Tiſche ſizt, klopft einer mit dem Meſſer an ein
Glas, auf welches Zeichen ſich niemand mehr be-
wegen darf. Alle müſſen die Stellung beibehalten,
worin ſie dieſer Augenblick überraſcht; und wäre
einer z. B. im Begriff, den leckerſten Biſſen in den
Mund zu ſtecken, er müſte ſich ſo lange mit blo-
ſen Anſchauen begnügen, bis ein zweites Zeichen
ihn ſeiner traurigen Pflicht entbände. Sprach aber
jemand gerade zu der Zeit, ſo muſs er, ſtatt ſeine
Rede zu ſchlieſsen, das Geſagte ſo lange wiederholen, bis das zweite Zeichen gegeben wird.

11. *Das Nasenspiel.*

Die Gesellschaft stellt sich in die Reihe, einer hinter den andern; dem erften werden von dem zweiten mit beiden Händen die Augen zugehalten. Nun tritt jemand aus der Reihe, und zupft den erften bei der Nafe, stellt sich dann wieder an feinen Platz. Der erfte mufs nun rathen, und geht zu demjenigen, den er im Verdacht hat; nimmt ihn bei der Nafe, führt ihn an feinen Platz und stellt sich dann in die Reihe an jenes Stelle. Hat er falfch gerathen, fo mufs er fich gefallen laffen, wieder an feinen vorigen Platz geführt zu werden; trift er es aber, fo mufs nun der andere fich von der zweiten Perfon die Augen zuhalten laffen.

12. *Das Vergleichen und Unterfcheiden.*

Jeder vergleicht feinen Nachbar mit etwas; mit der Bemerkung, worinn die Aehnlichkeit und der Unterfchied befteht. Z. B. Meine Nachbarin mit einer Feuerzange; denn diefe bringt das Feuer in Flammen und die Jungfer: Mademoifelle &c. ebenfalls, der Unterfchied aber ift, dafs die

Zange **glühend** wird, die Mlle. aber kalt bleibt.
Meinen Nachbar mit einen Fächer; er macht Wind
wie diefer, doch kann man jenen in den Sack fte-
cken, diefen aber nicht. So geht es der Reihe
nach durch; einmal von der Rechten zur Linken,
das anderemal, dafs jedes Reyanche nehmen kann
von der Linken zur Rechten. Noch beffer kann
man diefes Spiel, fo wie das im vormjährigen Tafchenbuch angezeigte Lob- und Tadelfpiel, oder
Lafterftuhl gebrauchen, damit man nicht weifs,
wer manche Vergleichung angeftellt hat.

13. *Sprüchwörterfpiel.*

Aus dem Mannheimer 1795ger Tafchenbuch
zur gefellfchaftlichen Unterhaltung (Seite 26.) wird
man fich noch des unterhaltenden S p r ü c h w ö r-
te r f p i e l s erinnern, wobei ein Theil der Gefellfchaft ein Sprüchwort pantomimifch, auch mittelft Einmifchung eines Dialogs vorftellt, welches
der andere errathen mufs. Um nun dies angenehme Spiel noch weiter auszudehnen, folgt hier eine
Fortfetzung dabei anwendbarer Sprüchwörter und
Sentenzen:

1) An dem ift Hopfen und Malz verloren.

2) Alles hat feine Zeit.

3) Allzufcharf macht fchartig.

4) Brätft du mir die Wurft, fo löfch ich dir den
Durft.

5) Da ftehn die Ochfen am Berge.

6) Den Mantel nach dem Winde hängen.

7) Das ift Waffer auf feine Mühle.

8) Dem gefchenkten Gaul
Sieht man nicht ins Maul.

9) Er hat mehr Glück, als Verftand.

10) Ein anderes Städtchen, ein anderes Mädchen.

11) Er kömmt aus dem Regen in die Traufe.

12) Er geht drum herum, wie die Katze um den
heifsen Brei.

13) Ein guter Freund ift beffer als hundert Ver-
wandte.

14) Er hats hintern Ohren.

15) Er fieht es an, wie die Kuh das neue Thor.

16) Eigner Herd, ift Goldes werth.

17) Freunde kennt man in der Noth.

II

18) Fried ernähret, Unfried verzehret.

19) Glück und Glas, wie bald bricht das!

20) Hunger ist der beste Koch.

21) Hoffen und Harren, macht manchen zum Narren.

22) Hochmuth kömmt vor dem Fall.

23) Je länger, je lieber.

24) Im Trüben ist gut fischen.

25) Irren ist menschlich.

26) Kinder und Narren reden die Wahrheit.

27) Ländlich, sittlich.

28) Man muss das Eisen schmieden, weil es warm ist.

29) Neider sind besser, als Mitleider.

30) Neue Besen kehren gut.

31) Schuster, bleib bei deinem Leiste.

32) Schein trügt.

33) Trau, schau, wem!

34) Tugend ist der beste Adel.

35) Undank ist der Welt Lohn.

36) Viel Geschrei und wenig Wolle.

37) Viel Geld, viele Freunde.

38) Wer nicht hört, muss fühlen.

39) Was ich selber thu, trau ich andern zu.

40) Wer andern eine Grube gräbt, fällt selbst hinein.

41) Was deines Amts nicht ist, da laſs deinen Vorwitz.

42) Was einem recht ist, ist dem andern billig.

43) Zeit bringt Rosen.

44) Böse Gesellschaft verdirbt gute Sitten.

45) Ein Küſschen in Ehren, kann Niemand verwehren.

46) Frisch gewagt, ist halb gewonnen.

47) Gestrenge Herrn regieren nicht lange.

48) Der Gröſste ist nicht immer der Schnellste.

49) Das Werk lobt den Meister.

50) Ein Schelm giebt mehr als er hat.

51) Jeder ist seines Glückes Schmied.

52) Wenn die Noth am gröſsten ist, ist die Hülfe am nächsten.

53) Im Dunkeln, ist gut munkeln.

54) Kaufts in der Zeit, so habt ihrs in der Noth.

55) Junges Blut, spar dein Gut, Armuth im Alter wehe thut.

56) Das Blatt hat sich gewandt.

57) Wie man's treibt, fo gehts.

58) Gewalt geht vor Recht.

59) Jeder hat feine Plage.

60) Ehrlich währt am längften.

Sentenzen.

Wer das kann, was er will, ift grofs; und wer das will, was er kann, ift weife.

Das gröfste Glück nach einem unerfetzlichen Verluft, ift Vergeffenheit.

Ein indiscreter Menfch ift ein offener Brief; jedermann kann darinn lefen.

Die Faulheit hat keinen Vertheidiger, aber viel Freunde.

Die Beleidigungen fchreibe auf Sand, die Wohlthaten auf Marmor!

Unternimm nichts im Augenblick des Zorns! Würdeft du dich wohl mitten im Sturm einfchiffen?

Bitterer Spafs ift Gift der Freundfchaft.

Es ift Niemand leerer als der, der ganz voll von fich felbft ift.

Die Lüge geht nur auf Einem Bein, die Wahrheit auf zweien.

Ein falfcher Freund ift wie der Schatten einer
Sonnenuhr, der fich nur zeigt, wenn die Sonne
fcheint,, und beim leichteften Wölkchen ver-
fchwindet.

Der nur giebt um gefehen zu werden, giebt keinem Armen im Schatten.

Denk zweimal, ehe du einmal fprichft, und du
wirft zweimal beffer fprechen.

Ein ordentliches Leben ift die befte Philofophie,
ein reines Gewiffen das befte Gefetz.

Der Reichthum dient dem Weifen, und be-
herrfcht den Thoren.

Wiffenfchaft ift die Zierde des Reichen, und
der Reichthum des Armen. Sie ift ein Schaz,
und die Arbeit hat den Schlüffel hierzu.

Wer fich felbft unterrichten will, nimmt oft
den Narren zum Schüler an.

Ueber eine böfe Angewohnheit fiegt man beffer
heute als Morgen.

Die Bildung des Geiftes fchmiegt die Feffeln
fefter in einander, welche die Schönheit zuerft
fchlang.

Anweifungen, Pfänder aufzulöfen.

(Siehe 1795er Mannheimer Tafchenbuch zur
gefellfchaftlichen Unterhaltung.)

1) Ein Solo fingen.

2) Eine Statue machen, wobei ihm jeder eine be-
liebige Richtnng geben kann.

3) Sagen, worein man nach feinem Tode verwandelt fein will.

4) Zu bekennen, wider welches Gebot man am
meiften gefehlt hat.

5) Einen Todten vorftellen. (Die Perfon mufs
fich auf den Stuhl fetzen, und ohne zu lachen
oder fich zu rühren, alles mit und um fich machen laffen.)

6) Seine Hauptleidenfchaft durch Gebehrden zu
erkennen geben.

7) Die fprödefte Perfon in der Gefellfchaft küffen.

8) Sich bei der Nafe zupfen laffen. (Man fezt
den Gepfändeten mit verbundenen Augen auf
einen Stuhl, die Gefellfchaft zupft ihn der
Reihe nach fo lange bei der Nafe, bis er es
erräth.

9) Im. Zimmer auf und ab gehen, und fich ftill-
fchweigend von jedem tadeln laffen.

10) Seine liebfte Perfon in der Gefellfchaft küffen,
und fich in Verfen entfchuldigen.

11) Soll von jedem in der Gefellfchaft eine Un-
wahrheit fagen..

12) Die drei merkwürdigften Vorfälle feines Lebens erzählen.

13) Den Schatten unter dem Lichte küffen. (Man
hält das Licht über den Kopf derjenigen Perfon, die man küffen will.)

14) Soll fagen, welche Menfchenpflicht es am
liebften befolge.

15) Die Vorzüge nennen, die fein Gefchlecht vor
dem andern hat.

16) Seinen Lieblings-Schriftfteller nennen und
angeben, warum er es ift.

17) Bekennen, was es am meiften beleidigt.

18) Seine vorzügliche Schwäche geftehen.

19) Katholifch beichten. (Der, dem das Pfand
gehört, darf fich ein Frauenzimmer wählen,
beide werden mit einem Tuche bedeckt; un-

ter welchem fie ihn , nach abgelegter Beichte,
mit einem Kuffe abfolvirt.)

20) Seinen beiden Nachbarn ein Sprüchwort nennen , das auf fie pafst.

Räthfel, Charaden und Logogryphen.

1.

Man reiffet mich aus meiner Mutterfchoofs,
Raubt mir mein rauhes Kleid , und alsdenn dien'
ich blos
Dem Wucher und der Eitelkeit.
Wie Regenbogen fchön, fpiel ich im Sonnenfchein,
Und trotze mehr., als Stahl und Stein,
Dem Ungewitter und der Zeit.

2.

Ich bin ein fehr verachtet Thier;
Doch fchaff ich vielen Vortheil dir:
Die Ruh befördert dir mein Kleid;
An einem deiner gröfsten Fefte
Bin ich die liebfte Koft der Gäfte;
Ein fchlechter Theil von mir giebt oft Unfterb-
lichkeit.

3.

Ich bin der Sklaven Laſt, des Frauenzimmers
Zier,

Dem bin ich leicht, und jenem ſchwer;
Doch gäben beide was dafür :
Wenn ich hier ſchwer, und dorten leichter wär.

·4.

Am Tage hab ich nichts zu thun,
Man läſst mich in dem Winkel ruhn;
Jedoch kaum bricht die Nacht herein,
So ſchluck ich Feuer und Flammen ein.

5.

Ich trage Laſten über Seen,
Vereine oft die ſteilſten Höhen,
Und bleibe dennoch ſtille ſtehen.

6.

Mein Loch benützet grofs und klein;
Die Mutter und das Töchterlein
Bedienen meiner Hülfe ſich
Ich trotze muthig jedem Stich.

7.

Ich bin bald viel, bald nichts; bald wenig in den
Zahlen;

Im Kleinen bin ich fchlecht; mit Taufend kann
ich prahlen.

Die Welt und Ring find rund; das bin und bleib
ich auch,

Mir fehlt Kopf, Bein und Arm, ich bin ein leerer
Bauch.

8.

Ich bin der Thier und Menfchen Schutz,

Doch auch ihr Schrecken und ihr Trutz;

Dies will mich grofs und jenes klein,

Dem foll ich ftark und fchnell, und dem nur nied-
lich feyn.

9.

Mein Kopf ward einft erzeugt im tiefen Schacht
der Erde,

Forn breit und hinten fpitz; mein Leib wuchs
über ihr;

Damit etwas zerftört, etwas befeftigt werde,

Leihft dn mir deine Kraft, die meine leih ich dir.

10.

Es mufs mich Jederman mit fich ins Bette nehmen,

Ich zwinge jede Frau und falle auf fie hin:

Und ob ich noch fo wohl bei ihr gelitten bin,

So will fie meiner doch fich in der Kirche fchämen.

11.

So lang mein Körper ift, fo lang ift faft mein

Haar,

Pomade und Frifur kann ich durchaus nicht leiden;

Ich zehr' an fremden Eingeweiden,

Doch fcheuen fie nicht die Gefahr,

Sie fingen vielmehr und beben vor Freuden.

12.

Wer meine Früchte will geniefsen,

Der fuche fie auf meinen Zweigen nie!

Er fchüttelt, bricht und pflückt fie nicht: er

findet fie,

Wenn er den Stamm zerftört, blos unter meinen

Füffen.

13.

Als Pflanze fteig ich aus der Erde;

Du quäleft mich zum harten Stein;

Und foll ich dir recht nutzbar feyn,

So macheft du, dafs ich zu Wafler werde.

14.

Mir öffnen felbft der Fürften Ohren fich,

Und, wunderbar genug! Niemand beneidet mich.

15.

Man macht es mir zur Pflicht,
Daſs ich von allem trinke,
Und voll zu Boden ſinke;
Und doch gönnt man mirs nicht.
Man nimmt durch einen Druck im Augenblick
Das was man mir erſt gab, zurück.

16.

Des Malers ſchönſter Pinſelſtrioh
Entwirft ſo künſtlich nicht, wie ich;
Im Nu will ich dir nach dem Leben
Der Wahrheit reinſtes Bildniſs geben.

17.

Ich rede ohne Zunge,
Und ſchreie ohne Lunge;
Ich nehme Theil an Freud und Schmerz,
Und habe doch kein Herz.

18.

Voll Locken bin ich's ganze Jahr,
Doch ungepudert iſt mein Haar.
Mein Zopf iſt kurz, doch feſt iſt er,
Und die Natur iſt mein Friſeur;
Ich ſteh in Dienſten als Laquai,
Bin Atheiſt, doch fromm dabei.

19.

Nicht so geschwind

Als ich, ist Licht und Wind.

Ich reis' in Welten, die kein sterblich Auge sah,

Bin in Minuten dort, und in Minuten da.

20.

Zuerst Pflanze, jetzund Staub; mich schliest

Gold, Edelstein,

Horn, Silber, Blech, Papier, nach jedes Will-

kühr, ein;

Dem Einen bin ich höchst beschwerlich,

Dem andern wieder unentbehrlich.

21.

Ein Augenblick ist meine Zeit;

Doch kann ich viel verrichten,

Und Werke für die Ewigkeit

In einem Nu vernichten.

Stumm bin ich stets; allein mein Sohn

Der ist zum Lerm gebohren:

Vor seiner Stimme Riesen-Ton

Erschüttern Herz und Ohren.

22.

Im Lenz erquick ich dich,

Im Sommer kühl ich dich,

Im Herbſt ernähr ich dich,
Im Winter wärm ich dich.

23.

Mich ziert ein Purpurſchmuck, ich komm
aus ſchwarzer Erde;
Mich ſchützet allezeit ein rauhes Stachelkleid,
Daſs ich von frecher Hand nicht gleich verletzet
werde;
Doch aber kurz iſt meine Lebenszeit.

24.

Ich ſehe, was nicht iſt; ich höre, was nicht ſchallt;
Ich bin bald kurz, bald lang; bald ſchön, bald
ungeſtalt't;
Verdrüſslich, angenehm; bald wahrhaft, bald
verlogen;
Die Narren hab ich oft, die Klugen nie betrogen.

25.

Es iſt ein Wort mit zwei Silben. Die erſte
bedeutet die Bekleidung der Bäume, die andere
bedeutet ein kleines Thier, das unter die Am-
phibien gehört. Das Ganze iſt ein Thierchen,
das die Veränderung der Witterung anzeigt.

26.

Ein Wort mit drei Silben. Die e r ſt e bedeutet
ein Nahrungsmittel für das Vieh. Die z w e i t e
ein Thierchen, das Menſchen und Thieren im
Sommer beſchwerlich iſt. Das G a n z e iſt der
Name eines Vogels, in deſſen Neſt der Kukuk
gern ſeine Eier legt.

27.

Ein einſilbiges Wort. Der erſte Buchſtabe iſt
der Ausruf des Schmerzens, die zwei erſten ſind
eine Frage nach den drei lezten, die einen Platz
anzeigen. Das G a n z e iſt der nöthigſte Theil
einer Rede.

28.

Ein Wort mit zwei Silben. Die e r ſt e bedeu-
det die Jahrszeit, worauf ſich alles in der Natur
freut. Die z w e i t e ein Thierchen, das oft zertreten wird. Das G a n z e iſt der Name eines kleinen Inſekts, das man um erſtgenannte Jahrszeit
am häufigſten findet.

29.

Ein dreisilbiges Wort. Die e r st e ist ein Werkzeug der Sinne. Die z w e i t e und d r i t t e eine
Baumfrucht. Das G a n z e ein Theil des erstern.

30.

Drei Silben. Die e r st e bedeutet den Zustand
dessen, der das Vermögen hat, zu wählen und zu
handeln. Die z w e i a n d e r n sind der Name eines
uralten Handwerks. Das G a n z e sind Mitglie-
der einer Gesellschaft.

21.

Ein dreisilbiges Wort. Die e r st e ein Theil am
Kopfe jedes Thieres, ohne welchen es nicht leben
kann. Die z w e i a n d e r n ein Thier, das alles
nachahmt. Das G a n z e ein Schimpfname.

32.

Drei Silben. Die e r st e dürres Gras. Die z w e i-
te und d r i t t e eine widrige Empfindung. Das
G a n z e, bekannte sechsfüssige Insekten.

33.

Ein dreisilbiges Wort. Die z w e i e r st e n
eins der vier Elemente. Die l e z t e ein hartes

F

Produkt der Erde. Das Ganze ein hartes Gewächs, das eins der vier Elemente hervorbringt.

34.

Ein zweiſilbiges Wort. Die erſte den Reſt
des nützlichſten Gewächſes; die zweite einen
innern Theil mancher Kleidungsſtücke; das Ganze
einen Theil des Bettes.

35.

Drei Silben. Die erſte ein durchſichtiger Körper; die zwei andern eine kleine ſchlechte
Wohnung; das Ganze eine groſse Werkſtätte
des erſtern.

36.

Drei Silben; die zwei erſten Waldvögel, die
zum Wildpret gerechnet werden; die dritte
etwas, das man in honnetten Geſellſchaften nicht
gern nennt; und das Ganze eine Delikateſſe auf
den Tafeln der Reichen.

37.

Die erſte bedeutet ein Mordgewehr; die zweite und dritte einen, der etwas reiniget; das
Ganze einen Profeſſioniſten, der gedachtes Ge-
wehr ganz brauchbar macht.

38.

Das Wort ist vierfilbig. Die drei erften bedeuten den höchften Officier bei einem Regimente; die vierte eine der vier Singftimmen; das Ganze eine vielumfaffende Kenntnifs in der Tonkunft.

39.

Drei Silben. Die erfte einen langen Sitz; die zweite und dritte, Zeichen einer allgemeinen Sprache, die jede Nation verfteht; das Ganze vielbedeutende Papiere.

40.

Zwei Silben. Die erfte ift der Laut, womit fich die Menfchen einander zu verftehen geben; die zweite ein Gewächs, das an fumpfigten Orten wächft; das Ganze ein Inftrument, wodurch Töne in beträchtlicher Entfernung noch verftändlich find.

41.

Dreimal Heil dem Erdenfohne,
Der in feinem Bufen, Tugend, dich verfchliefst!
Schöner als dem Fürften, dem auf goldnem Throne,
Oft fein Leben freudenleer verfliefst,

F 2

Schöner finkt ihm jeder feiner Pilgertage,
Allverheererin! in deiner Fluthen Grab;
Um ihn her verftummet jede bange Klage;
Keine Thräne rinnet, wo er weilt, herab.
Freuden, taufend hohe Freuden ftreuet
Er mit milden Händen reichlich um fich her,
Und zum Lohn, dafs er fich ihr geweihet,
Läfst fein edles Herz fie nie ganz freudenleer,
Und erleichtert ihm fo manche fchwere Bürde,
Die hienieden öfters uns zu Boden drückt,
Und erhebt ihn zu der Gottheit Würde,
Die fo gerne alles, was nur ift, beglückt.
Ha, ich feh' die Sehnfucht dir in Augen brennen,
Dies erhab'ne Kleinod näher noch zu kennen!
Gerne nennt' ich dir's: doch Tugend koftet Müh'.
Willft du diefe kennen : fo errathe fie.
Wiffe, fie, von Gott zu and'rer Troft verlieh'n,
Schmücken fünfzehn unterfchied'ne Glieder;
Doch verwirfft du diefe öfters hin und wieder:
Findeft du noch vierzig and're Sachen drinn.
Zum Exempel, das Gefchäfte,
Das fo manche Fürften hin zum Mainftrom führt;
Dann ein Thier, dem wegen Leibeskräfte,

Wegen Seelengröfse, Königsrang gebührt;
Auch das grofse Haus, worinnen Freud' und Leiden,
Weif' und Thoren fo vermifchet find;
Und die erfte Ruhftatt für ein kleines Kind.
Das, was Freude oder Schmerz begleiten,
Je nachdem es bös, nachdem es edel war.
Eine Wunde in den Schwimmgebäuden.
Ein zwar kleiner Theil vom lieben, langen Jahr,
Aber jedem weifen, guten Menfchen theuer.
Dann das Oberfte vom hellen Flammenfeuer,
Welches zungengleich an jedem Dinge leckt.
Was das Brod noch ift, eh' man's im Ofen bäckt.
Zwei verfchied'ne Sachen, die vereint dir nützen,
Wenn gleich jenes fchnell, wie Rofsinante flieht,
Diefes langfam nach, wie S a n c h o's Thierlein,
zieht.
Was oft durch fein fürchterliches Blitzen
Böfewichter fchreckt, die Fluren oft erquickt.
Jener Theil des Menfchen, der durch Melodien
Oefters Herz und Ohr erfreuet und entzückt.
Ferner auch ein Stoff, den man zum Lichterziehen
Nöthig hat. Das Gegentheil von keufch.

Und ein Berg im Meer, der öfters mit Geräuſch
Sich erhebt, dahin bewegt und ſinket.
Jener Fabelfluſs, der, wenn man aus ihm trinket,
Der Erinn'rung Bild aus unſrer Seele ſcheucht.
Ferner auch ein Zeitmaaſs, das bald eilt, bald
ſchleicht,
Bald gemäſsigt langſam ſich dahin beweget;
Und das Inſtrument, worauf man Sachen leget,
Um die Wichtigkeit derſelben einzuſeh'n.
Was nicht nahe liegt. Worauf wir alle geh'n.
Auch der Ausruf, welcher Unglück dräuet;
Und das Werkzeug, das manch armer Wicht
zerkäuet,
Wenn der Logogriph, womit er ſchwanger geht,
Nicht gleich fix und fertig auf dem Blatte ſteht.
Was kein Ganzes iſt, und doch das Ganze macht.
Was dem Menſchen die Natur zur Pracht
An dem Haupte gab ; und wie man den benennet,
Welchem dieſes fehlt. Das Holz, das ſchon ver-
brennet.
Was im Treffen oft ein Schiff dem andern giebt.
Die grüne Speiſe, die man erſt im Winter liebt

Das, was einen Körper in sich faſſet.

Was der Weichling an dem Winter haſſet,

Das, was ſeines Gleichen öfters drängt und treibt;

Er, der niemals anfieng, und auch ewig bleibt.

Jener Ehrenmann, der in der Trunkenheit

Seinen Töchtern war kein groſser Tugendſpiegel.

Wie der, welcher Schmerz empfindet, ſchrei't.

Auch die Maſſe, die man zu dem Siegel

Eines Briefs gebraucht. Der Vogel, der zur Speiſe

Hühner ſich und Tauben wählet. Was der Weiſe,

Trifft du gleich im Wort nur drei Buchſtaben an,

Oefters dir nur halb, oft nicht erklären kann.

Dann die Eigenſchaft, in der die Gottheit ſtralet,

Und mit der allein der ſtolze Heuchler prahlet.

Was du da nur trifft, wo's Berg und Hügel
        giebt. — ·—

Nun, groſsgünſt'ger Leſer! wenn es dir beliebt:

So errathe dann! Es iſt fürwahr nicht ſchwer.

Denn du findeſt ſie noch öfters um dich her,

Jene Tugend, die zum frohen Gott erhebet,

Und mit Freuden alles um ſich her belebet.

Wonne! daſs der guten Herzen noch ſo viele
        brennen

Für die Tugend, die ich deinem Blick verbarg;

Daſs sie jeden zwingt, mit mir froh zu bekennen:

"Traun, es iſt so bös nicht, und so arg

"Unterm Monde hier, als mancher Menschen-

feind

" Es beim Ueberfluſſe schwarzer Galle meint."

Doch, was schwatz' ich viel! — Wem edler, guter

Thaten

Sanft Gefühl des Lebens Pfad verſüſst;

Sollte solch ein Herz die Tugend nicht errathen,

Die der guten Seelen schönſtes Erbtheil iſt?

Doch gesezt: du fändeſt auch den Namen nie:

O, Erſatz genug! verehr'ſt und üb'ſt du sie!

42.

Wie glücklich, wer rauschender Luſt nicht be-

darf,

Wer mir in die offenen Arme sich warf!

Wie glücklich, wen Sinnlichkeitsdurſt, nicht

mehr quält,

Wen Sinn für Natur und für Schönheit beseelt.

Mit Freuden, wie nichts sonſt gewähren sie kann,

Belohn' ich ihn reichlich, den fühlenden Mann,

Den alles, was fchön und was gut ift, vergnügt,

Und der gern am liebenden Bufen mir liegt.

Im heiligen Tempel der fchönen Natur

Führ' ich ihn umher durch die blumige Flur;

Ihm lafs ich die Blümchen den Balfamduft ftreu'n

Ihn lafs ich durch Nachtigallieder erfreu'n,

Ihn lohn' ich mit heiterm und fröhlichem Muth,

Verfüfs' ihm, wenn Kummer ins Herz fich ihm
fchleicht,

Den Becher, den Liebe und Freundfchaft ihm
reicht.

Neun Blumen find's, welche mit gütiger Hand

Natur in das duftende Kränzchen mir wand;

Doch legft du die Blümchen bald hin und bald her:

Geb' ich acht und zwanzig dir und wohl noch
mehr.

Zum Beifpiel, das Zentrum vom menfchlichen
Leib.

Ein bunter flatternder Schmuck für das Weib.

Die Strafse, verfehen mit grünender Wand.

Wo Adam und Eva fich wohl fonft befand.

Ein ungehopft Bier, welches England uns fchickt.

Worauf mancher Junker entzückungsvoll blickt.

Das Befte, was man an den Treffen noch ehrt.

Ein Name für Weiber, oft bei mir gehört.

Ein Dunft, der im Herbfte herab oft fich fenkt.

Ein Strom, der die Fluren Saxoniens tränkt.

Ein Land ohne Berg, ohne Hügel und Thal.

Was manchen verrieth, wenn zur Nachtzeit er
  ftahl.

Ein fpitziges Werkzeug, den Weibern fehr werth.

Das Recht, das uns erft Longobarden gelehrt.

Ein Hausrath, worinn man oft Wäfche verbirgt.

Der Bruder, von Bruderhand graufam erwürgt.

Worauf mancher Schuft, der vom niedrigen Blut

Des Kutfchers entfprang, viel zu Gute fich thut.

Das Mädchen, das Jacob, vom Laban geprellt,

Statt Rahel, am Morgen im Arme noch hält.

Was Speif' und Getränke dem Matten oft nützt.

Der Ort, wo, man fagt es, die Männerkraft fitzt.

Den Ring, durch den Wagen und Rad fich ver-
  mählt.

Was keinem der irdifchen Dinge je fehlt.

Ein luftiges Spielwerk, das öfters man fchlägt.

Ein blendendes Kleid, das der Priefter oft trägt.

Womit man die Fenfter zur Nachtzeit verfchliefst.

Was nicht allemal jeder Edelmann ift.

Man fucht mich im Waffer, bin trefflich und gut,
Geb' Stärkung dem Körper und Leben und Muth.
Ein geiftliches Herrchen, voll gallifchen Wind,
Und flink und poffirlich, wie Aeffchen es find. —
Nun, willft du mich kennen, o Lefer, fo rath;
Willft du mich geniefsen: fo fliehe die Stadt!

43.

Man bringt kein Wort aus mir, ich werde dann
zerfchnitten;
Nimmt man mir ab mein Haupt, fo hab' ich nichts
gelitten.
Ich bin der Stummen Sprach', und red' auch über
Land,
Es ift im fchnellen Flug der Freundfchaft Pfand
und Band.

www.ingramcontent.com/pod-product-compliance
Lightning Source LLC
Chambersburg PA
CBHW031358270326
41929CB00010BA/1234